Dr.Noiseの『読む』音の本

# バリアフリーと音

公益社団法人
日本騒音制御工学会
［編］

船場ひさお
太田篤史
倉片憲治
武田真樹
［共著］



技報堂出版

# 発刊にあたって

公益社団法人日本騒音制御工学会 図書出版部会では、これまで主に騒音や振動を専門とする方々に向けた書籍の編集・出版を行ってきました。しかしながら、もっと多くの人々に音や騒音、振動について興味を持っていただきたい、そしてそれが社会の音環境をよくすることにつながるはずと考え、このたび、

「Dr. Ｎｏｉｓｅの『読む』音の本」

という新たなシリーズを刊行することとなりました。

音にはさまざまな側面があります。騒音として多くの場合人から嫌われるものもあれば、私たちの生活になくてはならない音もあります。同じ音が、ある時は騒音でも、ある時ある人にとってはとても大切な音になることもあります。

そんな音のことを、このシリーズではいろいろな視点から眺め、解説していきます。時にはマニアックな話も出てきますが、興味や関心を拡げる気持ちで読んでみていただきたいと思います。

今回企画しているシリーズでは、音や振動の基礎についてわかりやすく解説する

ものを皮切りに、これまであまり一般書として採り上げられなかった内容や、音という視点からの解説がなされてこなかった分野を集め、なるべく具体的にわかりやすく紹介していきます。特に専門的な分野については、内容は同じでも書き方を変えるだけで多くの方々に興味を持っていただけることがたくさんあるのではないかという想いを持ち、誰にでも手に取っていただきやすい本を目指して執筆・編集しています。また専門家として考えると当たり前の事柄も、専門ではない人たちから見るととてもおもしろい出来事が世の中にはたくさんあるのではないか、という視点も大切にしていきたいと思います。

このため、時には縦書きの読み物風のものになるかもしれませんし、ある時は横書きの多少数式なども出てくる本になるかもしれません。わかりにくいところや少し専門的になるところはDr. Ｎｏｉｓｅが解説します。こぼれ話のようなものは二人の助手が解説します。

このシリーズが、皆様にとって音や振動の世界への入口になることを願っています。

二〇一四年　晩秋

公益社団法人日本騒音制御工学会　図書出版部会
第19期部会長　船場ひさお

# 公益社団法人日本騒音制御工学会 図書出版部会名簿（第20期）



## 『バリアフリーと音』著者


船場ひさお 前掲
太田 篤史 前掲
倉片 憲治 前掲
武田 真樹 前掲

# もくじ

## Ⅱ節　聴覚障害と音　40

## 第2章　音のバリアフリーの実際　71

いま、バリアフリーという言葉を耳にする機会はとても多いと思います。本屋さんに行ってみると、バリアフリーに関する本がたくさん並んでいます。でも「音のバリアフリー」についてまとめた本というのはあまり見かけません。では、音はバリアフリーと無関係なのでしょうか?

私たちは、自分と異なる身体的特徴をもっている人や年代の違う人のことについて、深く知らないことが多いように思います。目の見えない人が一人で外出しようとすると、どんなことに困るのか、何を手がかりに行動しているのか、あるいはお年寄りが聞いている音は若い時とどう変っているのかなど、何となく知っているような気がするけれど、実はよく理解していません。

この本は、これまであまり採り上げられてこなかった「音」の視点でバリアフリーを考え、解説しています。まず第一章で人はどのように音をとらえ、感じ取り、活用しているのかを考えていきます。つぎに第二章で音のバリアフリーの実際についてさまざまな角度から紹介していきます。

中にはこんなこともバリアフリーにつながるの?　と思うこともあるかもしれません。どうぞあまりかしこまらずに、Dr.Noise、助手の静さん、騒太くんと一緒に、バリアフリーと音について考えていきましょう。

# はじめに

## ■音のバリアフリーって何だろう?

街を歩いていると、「ピヨピヨ」や「カッコー」といった音で青信号を知らせる音響式信号機があちこちにあります。また、駅の改札口のところで「ピーンポーン」という音が鳴っていることに気づくこともあるでしょう。

これらの音は、交差点の位置や信号の状態を知らせたり、改札の位置などを知らせるために流されています。つまり視覚障害者などが、少しでも安全に街を歩くことができるように設置されているものなのです。

留守番電話に声を録音する時に、録音開始の合図として鳴る電子音が「ピー」から「ポー」に変ったのを知っていますか? 以前よりも少し低い音になったのです。これは、高い音が聞こえにくい高齢者にも使いやすい留守番電話になるようにと工夫されたものです。

あまり気に留めたことがなかったかもしれませんが、これらが「音のバリアフ

音響式信号機押しボタン

リー」なのです。高齢者や*障害をもつ人々が、さまざまな問題を抱えながらも、元気に街に出て社会生活を営んでいるいま、少しでも安全に、便利に、また快適に日常生活を送ることができるようにするために「音」が重要な役割を果している例はたくさんあります。

でもその一方で、バリアをなくすために流されているはずのサイン音や案内放送などが、周囲の騒音にかき消されてよく聞き取れず、結局それ自体も騒音となり、新たなバリアになってしまっている例や、何のための音か理解されていないためにせっかくつくられた施設が役に立っていない例もあるようです。

本書は、音のバリアフリーについて少しでも多くの人に知っていただき、いろいろな場面でより音のバリアフリー化が進むよう、トピックスや事例をあげながらやさしく解説するものです。

*近年「障害」を「障がい」もしくは「障碍」と表記する場面が増えてきていますが、本書では現在、公の文書で広く用いられている「障害」という表記で統一しています。

## ■バリアフリーとは？

音のバリアフリーについて書く前に、一般的なバリアフリーについて少し解説しておきましょう。

いまや「バリアフリー」という言葉は、当り前のように使われるようになってきました。平成十二年（二〇〇〇年）十一月に施行された「交通バリアフリー法（高齢者、身体障害者等の公共交通機関を利用した移動の円滑化の促進に関する法律）」

が、多くの人にとって、この言葉を知るきっかけだったかもしれません。それ以前からも、「バリアフリー住宅」といった言葉がよく使われていました。昭和四十九年（一九七四年）に国連障害者生活環境専門家会議が「バリアフリーデザイン」という報告書を出したのが、この言葉の始まりといわれています。

バリアフリーは「障壁除去」とも訳されるように、障害のある人が社会生活をしていく上で障壁（バリア）となるものを除去することを意味します。車椅子でも通れるように床面の段差をなくしたり階段にスロープを併設したりするのは、そのわかりやすい例でしょう。

これらの例からわかるとおり、バリアフリーとはもともと建築用語として使われ始めたものでしたが、より広い意味でこの言葉が用いられています。平成七年度版「障害者白書」では、障害者を取り巻く障壁を、次の四つに分類しています。

① 物理的な障壁――歩道の段差、車いす使用者の通行を妨げる障害物、乗降口や出入口の段差など。
② 制度的な障壁――障害があることを理由に資格・免許等の付与を制限するなど。
③ 文化・情報面での障壁――音声案内、点字、手話通訳、字幕放送、わかりやすい表示の欠如など。
④ 意識上の障壁（心の壁）――心ない言葉や視線、障害者を庇護されるべき

スロープと車椅子

存在としてとらえるなど。

また、配慮する対象者についても、狭い意味での障害者から、高齢者、ケガを負った人、妊婦、子供まで、幅広くとらえて障壁を除去しようという考え方が広まりつつあります。

バリアフリーデザインによく似た言葉として、「アクセシブルデザイン」という言葉があります。また、日本では「共用品」、アメリカでは「ユニバーサルデザイン」、欧州では「Design for All（すべての人のためのデザイン）」という言葉も使われています。それぞれ用語の起源や観点は少しずつ異なりますが、「すべての人がともに利用できる製品や生活環境の実現を目指す」という基本的な理念は共通しているといえます。つまり、存在する障壁を除去するというバリアフリーではなく、はじめから壁をつくることなく、誰もが同じように使いやすく快適な社会を築いていこうとする考え方です。

現在、残された障壁の中には、「心の壁」のように、完全に除去するには長い年月のかかるものも存在します。しかし、その一方で、公共施設での案内放送の内容を充実させ、より聞き取りやすいものにするといった、すぐに取り組むことのできる課題もあります。このような技術的に解決可能な課題から、一つひとつねばり強く解決していくことで、本当にバリアフリー化された社会が実現するとともに、誰にとっても便利な世の中が生れてくるのではないでしょうか。

車椅子対応電話ボックス

# 1 人と音

## Ⅰ節　視覚障害と音

### ■「目が見えない」とはどういう状況なのでしょう?

目が見えない状態とはどのようなものなのでしょうか? 晴眼者*が目の見えない状態を疑似体験するプログラムとしてブラインドウォーク（目隠し歩行）というものがありますが（三三ページ参照）、目隠しさえすれば視覚に障害をもった状況を体験できるというわけではありません。このプログラムで体験できるのは視覚障害からうける影響のごく一部であって、晴眼者が完全に目が見えない状態の影響を体験することは不可能です。

失明者のリハビリテーションにおいて多くの業績を残したことで知られるトーマス・キャロル（T.J.Carroll）は、視覚を失うことによる影響について二十の喪失という形でまとめています。八ページの図にその概要を示しますが、視覚を失うことの影響がいかに大きいことか想像できると思います。

*視覚に障害がない者を意味します。視覚障害については、のちほどDr.Noiseが説明してくれます。

ここでは、視覚を失うことで受ける影響として、とくに代表的な例をいくつかあげておきます。

見えなくなることで受ける影響として想像しやすいのは、何処に何があるのかわからなかったりわかりづらかったりすることです。これは日常生活のごく身の回りのことについても、外出時の移動に際してもあてはまります。先のキャロルの分類によれば、「基本的技術の喪失」にあたる部分です。しかし、どこに何があるのかという理解は、けっして根本的に不可能なわけではなく、触覚、聴覚、嗅覚の情報で多くの場合に補完が可能です。

ここで大切になってくることは、社会的に視覚障害者の物や空間のとらえ方の特徴が十分に理解されることです。たとえば、触ってそれが何であるのかわかりやすい形にしてある、ある特定の場所でその場所を示す音が必ず鳴っている、といったようになっていれば、たとえ目が見えなくても便利に使えたり自由に移動ができたりするようになります。

また、社会的要因だけでなく個々の人の考え方も大切です。中途で失明した場合に、「もう外出できない」と思い込んでしまったり、家族も「危ないから一人では外出させられない」と思い込んでしまったりすることがあります。しかし、新たな訓練や経験は必要になりますが、視覚に代る感覚情報をもとに外出をすることはけっして不可能ではないのです。

　また、視覚障害から受ける影響には先にあげたように「何かができない」といったような行動に関する影響だけではなく、心のありように対する影響、すなわち心理的影響もあります。目が見えない場合、安全の確認が困難、自分の動作の視覚的確認ができない、周囲の人の目が気になるなどの理由で、不安感をおぼえる人も多くいます。ほかに、中途失明の場合、いままで普通にできていたことができなくなり、苛立ちや劣等感、無力感を感じることもあります。このような理由から、結果的にさまざまな行動に対して消極的になるケースも少なくありません。また、視覚情報が入ってこないので、興味を憶える対象が減ったり他人の行動を真似することがなくなったりし、やはり行動が消極的になるケースもあります。

■心理的安定の基本的な喪失
①身体的な完全さの喪失
②残存感覚に対する自信の喪失
③環境との現実的な接触能力の喪失
④視覚的背景の喪失
⑤光の喪失

■基本的技術の喪失
⑥移動能力の喪失
⑦日常生活技術の喪失

■意志伝達能力の喪失
⑧文章による意志伝達能力の喪失
⑨会話による意志伝達能力の喪失
⑩情報とその動きを知る力の喪失

■鑑賞力の喪失
⑪楽しみを感じる力の喪失
⑫美の鑑賞力の喪失

■職業、経済的安定に関する喪失
⑬レクリエーションの喪失
⑭経験、就職の機会等の喪失
⑮経済的安定の喪失

■結果として全人的に生じる喪失
⑯独立心の喪失
⑰人並みの社会的存在であることの喪失
⑱めだたない存在であることの喪失
⑲自己評価の喪失
⑳全人格構造の喪失

「20の喪失」とは
T. J. キャロル著『失明』より

コミュニケーションのための情報利用が困難なことも、視覚障害から受ける大きな影響でしょう。晴眼者であれば＊墨字《すみじ》の情報を生活のさまざまな場所で得ることができますが、目が見えないとこれができません。墨字の代替として点字がありますが、点字を読める人は必ずしも多くはなく（三六ページ参照）、とくに中途失明となると習得は困難を極めます。また、点字情報は墨字情報ほど入手が容易ではありません。墨字の情報のすべてが点字で提供されているわけではありません。

　墨字の情報が同時に音声でも取得できれば、目が見えない状況であっても情報の取得は容易になります。これを可能にしたのがコンピュータやモバイル機器などの発達、普及、低コスト化といえるかもしれません。これらの機器は、情報を音声で伝えることもできるので、インターネットやメールなどを通じて、多くのコミュニケーションや情報の利用を容易にしました。

＊「点字」に対して、目で見て読み書きする文字の呼称です。

**Dr.Ｎｏｉｓｅの解説――視覚障害について**

「視覚障害」というと「目が見えない状態」と考えられることが少なくないのう。しかし、「視覚障害」にはじつにさまざまな状態がある。そもそもヒトの視力や視覚の特性はさまざまで、「ここからここまでの条件であれば視覚障害」というようには割り切れないものじゃ。

　まったく見えない状態は一般に「全盲」と呼ばれておる。一方で、まったく見えないわけではないが見えにくいという状態は、「弱視」「ロービジョン」などと

呼ばれる。前者は、狭義には視力の弱い「低視力」の意味でも用いられている。後者は、単に低視力のみならず、その他の見えにくい状態も含むことが多い。例としては、視野狭窄、中心暗点など視野が損なわれる状態、夜盲、昼盲などの暗い場合もしくは明るい場合に見えにくい状態、*色覚特性のように色の判別が難しい状態など、いろいろな状態があげられるな。非常に広義な解釈としては、ロービジョンとは、ヒトの視覚的能力を示すのではなく、視覚的状態を示すものじゃ。なので、メガネやコンタクトレンズをしていない近視の人もロービジョンに含まれるという考えも存在する。

このように、一言に「視覚障害」といっても、その内容は非常に多岐にわたっており、定義も場合によって大きく異なるのじゃ。

*色弱・色盲・色覚異常などとも呼ばれますが最近はこのような表現は避けられる傾向にあります。

## ■視覚障害と音

視覚障害というと、この言葉にあまり馴染みのない人の場合、まったく目が見えない状態、すなわち全盲が想像されることと思います。しかし先のDr.Ｎｏｉｓｅのお話にもあるように、一般的に視覚障害と呼ばれるものには、実にさまざまな状態が存在します。この視覚障害の内容に伴い、音のとらえ方も大きく異なってきます。また同じような障害内容でも、それまでの経験やその時の歩行状況によって、やはり音のとらえ方は異なります。ここでは、視覚障害の内容や個人のプロフィールによって、どのように音のとらえ方が異なってくるかをみてみましょう。

まずはまったく見えない場合とそうでない場合についてです。視力が残っている場合、個人の性格や残存視力の程度にもよりますが、視覚情報に依存する傾向が強くなります。残存視力の度合いによっても音の利用の度合いは異なり、残存視力が少ないほど音の利用は多くはなりますが、全盲の場合とわずかながらでも見えている場合とでは音の利用度は大きく異なります。このため、弱視の場合、微細な音を聞き分ける必要があるような音の利用は、全盲の場合に比較してあまりみられなくなる傾向にあります。とくに目立つ音は弱視の場合にも利用されますが、動線の方向や障害物の認知には床や地面の模様、壁の色、天井の照明の配置などが比較的多く利用されます。微細な音色の変化などを聞き分ける必要がある＊エコーロケーション（反響定位）は、あまりみられなくなります。だからといって、「弱視の場合には音はそれほど大事ではない」ということではありません。視覚情報に依存しやすいがために、場合によっては全盲よりも誤認が生じやすかったり（たとえばガラスの壁に気づかないなど）、危険に近づいてしまったりすることがあります。このため、障害物や危険を知らせるための音の情報は重要となります。

利用する補助器具によって音の利用の仕方は異なります。補助器具としては白杖《はくじょう》がもっとも一般的といえますが、盲導犬を利用する場合には障害物知覚や動線の方向認知のための音の利用は、白杖使用の場合に

＊エコーロケーション
足音や白杖、もしくは周囲の音が壁や大きな障害物で反射してくる音を聞いてその存在を認識することです。イルカやコウモリが超音波を出して、反射してくる音波をとらえて周囲を認識するということを聞いたことがあるかもしれませんが、それと同じような仕組みです。ある程度の経験を積むことで、このような能力を身に付ける人もいます。

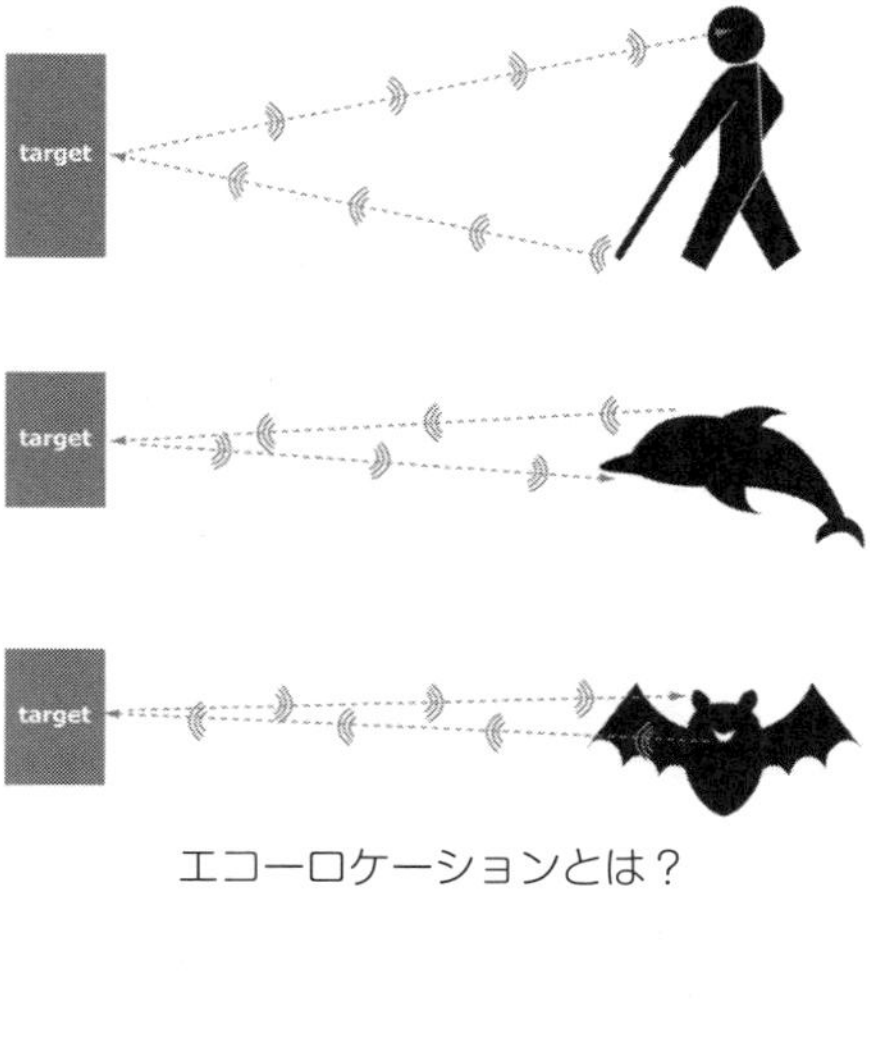

エコーロケーションとは？

比較して減る傾向にあります。これらに伴って、音の利用に関しては、ランドマークの把握（二七ページ参照）のための音が相対的に重要な存在となります。また超音波等を利用した障害物知覚のためのさまざまな補助器具の使用時にも、障害物知覚のための音の利用は減少します。騒音が多くなってしまうとこれらの補助器具からの音がうまく聞き取れず、障害物を見つけられない危険も生じます。

障害をもつようになった時期や障害をもってからの経験も、音の利用状況に影響を与える大きな要因となります。比較的早い時期に障害をもつようになった場合に比べ、晴眼者として長く生活をしてきてから障害をもつようになった場合は、新しい情報収集方法への適応が難しく、恐怖感が大きくなることもあり、音の利用には困難な面が多くなります。また、障害をもってからの経験が浅い場合も、やはり歩行に対する恐怖感が大きく、かつ触覚情報へ依存する傾向が強くなり、音の利用がうまくいかないことがあります。音にまで気が回らなかったり、多くの音がありすぎていろいろな音に気が行ってしまい必要な情報の取捨選択がうまくできなかったりすることがあります。

「視覚障害者は耳がよいから、ちょっとの音でも役に立つ」「視覚に頼れないのだからとにかく音で情報を提供すべきだ」として音の情報を一方的に付加していくことは、時に危険な考えになってしまう可能性があります。

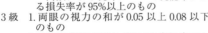

障害の程度にもいろいろあります。（平成二十三年度厚生労働省）

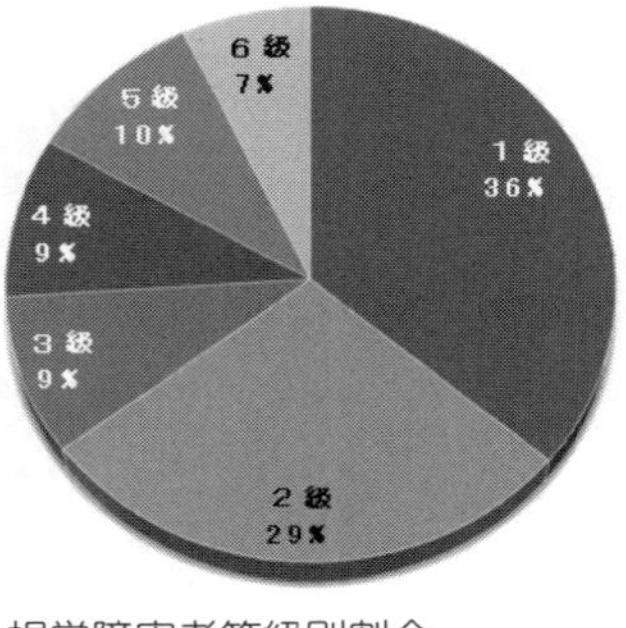

視覚障害者等級別割合

1級　両眼の視力の和が0.01以下のもの
2級　1. 両眼の視力の和が0.02以上0.04以下のもの
　　2. 両眼の視野がそれぞれ10度以内でかつ両眼による視野について視能率による損失率が95%以上のもの
3級　1. 両眼の視力の和が0.05以上0.08以下のもの
　　2. 両眼の視野がそれぞれ10度以内でかつ両眼による視野について視能率による損失率が90%以上のもの
4級　1. 両眼の視力の和が0.09以上0.12以下のもの
　　2. 両眼の視野がそれぞれ10度以内のもの
5級　1. 両眼の視力の和が0.13以上0. 2以下のもの
　　2. 両眼による視野の2分の1以上が欠けているもの
6級　一眼の視力が0.02以下、他眼の視力が0.6以下のもので、両眼の視力の和が0.2を超えるもの視覚障害者のために設けられた情報提供設備の有効性を検証すると、ある人には非常に有効であったにもかかわらず、ある人にはほとんど役に立たなかったり使いづらかったりすることがしばしばあります。この理由の一つは、視覚障害者の中でも一人ひとりのプロフィールが異なり、同時に情報の利用方法が異なるからです。音環境のバリアフリーを考える場合、「視覚障害者」とひとくくりに考えるのではなく、さまざまな障害程度や生活背景を考慮していく必要があるでしょう。

弱視の場合、目立つ照明などがあると進行方向がわかりやすいことがあります。誘導ブロックや音案内が必ずしも最善であるとは限りません。

## ■視覚障害者は耳がよいというのは本当？

視覚障害者は、時に、晴眼者が気付かないような微細な音に敏感に反応したり、晴眼者が聞き過ごしている音から周辺環境を的確に把握したりすることがあります。このような状況から「視覚障害者は耳がよい」といったこともよく語られます。では、本当に視覚障害者は耳がよいのでしょうか？　晴眼者に比べ、小さな音が聞こえたり、細かく音の聞き分けができたりするのでしょうか？

視覚障害者は耳がよいという考えは古くから存在していました。十九世紀後半には、視覚障害者の聴力に関する実験が行われたという記録が残っています。初期の研究においては、視覚障害者は晴眼者よりも優れた聴覚をもつという主張と視覚障害者と晴眼者の間で聴力に差異はないという主張とが混在していました。その後の研究結果から、現在では、必ずしも視覚障害者が晴眼者に比較して優れた、もしくは特殊な能力を備えているわけではないということが一般見解となっています。

視覚障害者（とくに全盲の人）は、必ずしも優れた聴覚を備えているわけではありませんが、優れた聴知覚を行うことがあるという実験結果が多数存在します。たとえば、音の大きさの聞き分け、声の認識、言葉の聞き取り、音を利用した障害物の発見（障害物知覚）などにおいて、全盲の人と晴眼者との間で有意な差があるという報告が存在します。日常生活においても、全盲の人が足音だけで誰が歩いているのかを判断したり、障害物による微細な反射音などを利用しそれに触れる前にその存在を認知したりすることがしばしばあります。これらの能力は、視覚障害者が日常的に聴覚情報に注意を払い、そこから何かを認識するという必要に迫られた結果から生じていると考えられます。目が見えていれば、誰かが近づいてくれば足音に注意する前に視覚情報から人が近づいてくること、さらにはそれが誰であるのかもわかります。しかし見えない場合には、誰かが近づいてくることを認識するには足音が重要な情報源となるわけです。足音が聞こえた段階で「誰だろう?」と考える、このような過程を日々繰り返すことで、個々の足音の微妙な違いを聞き分けられるようになるのです。障害物知覚についても同様で、晴眼者が視覚で普通に避けている障害物も、全盲の人は周囲の音環境に注意を払いながら歩行し多くの障害物にぶつかりながら、障害物が存在する時の音質や音圧の微妙な変化を聞き分けるようになっていくのです。

経験から優れた聴知覚を行う能力を身につけていくということは、逆にいえば経験の浅い視覚障害者は聴知覚能力が晴眼者のそれとあまり変らないとも考えられます。実際に、単独での外出歩行を行わない人や、障害をもつようになって間もない人は、長年日常的に頻繁に単独外出してきた人に比較し、聴覚情報の利用が不得手であることが多いようです。

また、実際の日々の生活では、視覚障害者が絶えずその聴知覚能力を存分に発揮できているわけではありません。個人個人の性格や経験によっても異なりますが、単独歩行時などで危険が近くにある場合や駐輪自転車などの障害物が多い時などは、特定の音のみに意識が集中する、触覚情報（白杖や足の裏の感覚）に大きく依存し聴覚情報に対する意識がおろそかになるということが起こります。このような時は、音が聞こえなかったり（物理的に鼓膜は振動していても）、聞こえていてもその音に対して適切な判断ができなかったりということになります。

障害をもってからの期間が短いほど、また障害をもつようになった時期が高齢になるほど、新しい情報収集手段に適応しづらく、聴覚情報の利用は困難になる傾向が強くなります。とくに近年では、先天性もしくは早期で障害をもつ方よりも、中途（とくに中高年）で障害をもつようになる方の割合が増えています。

また、厚生労働省が平成二十三年に行った調査によれば、視覚障害者の中で七〇歳以上の方が占める割合は半数以上にのぼっています。誰でも知っているように、高齢になれば聴覚機能が衰えるのはごく普通のことです。

このようなことからすると、「視覚障害者＝耳がよい」という考え方にはいささか疑問が残ります。

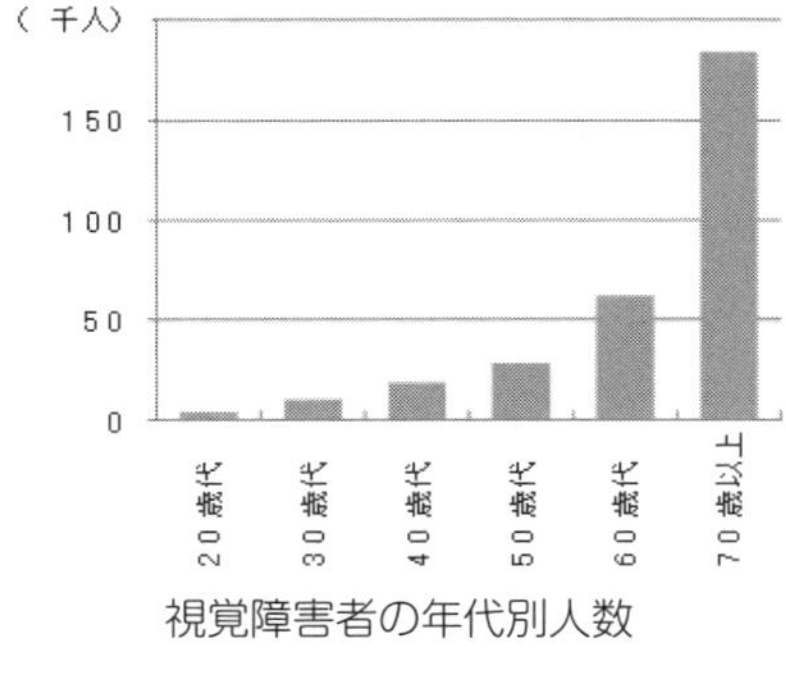

視覚障害者の年代別人数

高齢になるに従い急激に人数が増えることがわかります。

**コラム——音楽家は耳がよい？**

「耳を一番よく使う職業は？」と聞かれたら、まず思いつくのが音楽家でしょう。幼いころから訓練を積み、わずかな音のズレも許さない彼ら音楽家は、非常に鋭敏な聴覚のもち主のように思われます。

では実際、音楽家には耳がよい人が多いのでしょうか？「耳がよい」というこことにはさまざまな側面があります。まず、どれだけ小さな音が聞こえるかという点では、音楽家も一般の人も大きな違いはないでしょう。といいますのも、人間が聞き取れるもっとも小さい音は、鼓膜の振動幅でみると水素原子わずか一個分ほどにすぎません。すなわち、小さな音を聞き取るヒトの能力は、もはや物理的にはほとんど限界にまで達しているのです。訓練によってその能力が大きく向上することは考えられません。

むしろ、音楽家は比較的大きな音を聞き続ける機会が多いために、聴力の低下をきたしている場合があります。大音量で鳴らしたてるロックバンドはいうに及ばず、クラシックの演奏家も例外ではありません。常に左耳で自分の演奏音を聞いているバイオリニストは、左耳の聴力が右耳に比べて大きく落ちているという研究報告もあります。

しかし、聞こえた音のわずかな違いを聞き分ける能力や、その音が音楽的に好ましいかどうかを判断するといった能力は、聴力とは必ずしも関係しません。これらの能力は、訓練によって大きく向上させることができます。

　また、誰でも歳をとるにしたがって、聴力は低下していきます。しかし、音を聞き分けたり音楽的な良し悪しを判断したりする能力は、低下するどころか、むしろ経験を積むことで歳とともに向上していくはずです。これが、高齢になっても活躍する指揮者や音楽評論家が多く存在する理由でしょう。


　ところで…

　一時期、「絶対音感」という能力が話題になりました。音を聞かされただけで、その音の名前を確実に言い当てる能力のことです。絶対音感の保持者は、特別な耳の能力のもち主に見えます。しかし、小さな音を聞き取る能力や細かな音の違いを区別するといった聴覚の基本的機能を調べてみますと、彼らも一般の人とくに大きな違いはないようです。

　絶対音感はかなり特殊な能力ですが、これに似た能力は、実は誰もがもっているものです。それは、音声を識別する能力です。わたしたちは、ある決まった音響的特徴（周波数成分のパターン）をもつ音を、たとえば「あ」と聞き取ります。別の特徴をもつ音は「い」と聞き、「あ」と聞き間違えることはありません。また、そのように聞き分けることが特別難しいと感じることもありません。すなわち、音声を聞き分けるのと同じように、音の高さから「ド」や「ミ」と簡単に言い当てられるようになったのが絶対音感であるといえます。

絶対音感も音声の聞き取りも、幼少のある特定の期間に学習しないと十分に身につけることができません。これら二つの能力は、その点でも共通しています。

## ■目の見えない人、見えにくい人にとっての音の役割は？

ヒトは環境認知の大部分を視覚に依存しているといわれています。しかし視覚情報の利用が困難な視覚障害者は、視覚情報の代りに音（聴覚情報）、手や足の感覚（触覚情報）、におい（嗅覚情報）、味（味覚情報）を利用することになります。とくに、先の二つ（聴覚・触覚）の感覚は重要です。では、これらの情報は、どれほど視覚情報の代替となりうるのでしょうか？　触覚情報だけではいけないのでしょうか？　ここでは、この本のテーマでもある聴覚情報についてその役割についてみていきましょう。

触覚は、直接触ることで対象物の具体的な形、大きさ、正確な位置、材質などがわかるという長所をもちます。この意味で、触覚情報が視覚情報の代りに果している役割は非常に大きいといえます。

しかしながら、触覚情報も視覚情報のすべてを完全に補えるものではなく、短所ももち合せています。触覚情報を利用する場合、触るということが前提となるので、手、足、白杖などの届く範囲のことしかわかりません。たとえば、「自分の横何センチメートルのところに壁がある」ということはわかっても、その壁がどこまで続いているのかは、触覚情報だけでは把握は困難です。

一方、聴覚情報には離れた場所からでも情報を得ることができるという長所があります。対象から遠く離れた場所からでも、音源や音を反射する物体に気づくことが可能です。先の壁の例でいうと、厳密な距離はわからないまでも、反射音などを利用することでその壁がずっと先まで続いているのかどうかを理解できます。また、「天井が高くなっている」などの手の届かない所の認知にも利用できます。

また、手や足で探る際には、一時にたくさんの情報を入手することができません。その点、聴覚情報を利用する場合、一時に複数の情報を入手することができます。たとえば駅などでは、お金の音と誘導音（誘導チャイム）を同時に聞いて、券売機と改札の位置を同時に把握することが可能です。

聴覚情報のもう一つの特徴としては、情報の収集が受動的であるということです。音は、とくに情報を探さなくても、ある程度自動的に耳に入ってくるのです。触覚情報が、情報を積極的、能動的に得ようとしないと得られないこととは対照的です。この聴覚情報の収集の容易さは、同時に情報の選択の困難さという欠点も示しています。騒音があるため目印としている音が聞き取りづらいなど、必ずしも必要な情報だけでなく、必要でない情報も入ってしまい、必要な情報の収集の妨げになることもあります。視覚に障害をもつようになって間もない場合、聴覚情報の取捨選択がうまくできず、いろいろな音に注意が行ってしまい、非常に些細な音に悩まされるケースもあります。

また、直接触ることが難しいもの、たとえば走っている車や自転車、他の歩行者などの存在を見つけるには音は最適です。多くの単独歩行の視覚障害者は、屋外では車の音や人の足音を頼りにして危険を避けます。少し違った例としては、天ぷら油の温度をみる時に、油の中にパン粉などを入れて音を聞く、お茶などの熱い飲み物を注ぐ時に音を聞くといった音の利用方法もあります。

　ほかに、触っただけではわかりづらいものでも、音を付け加えることでうまく認知ができる場合があります。近年では、炊飯器など家電のスイッチが平坦になっているものが多く見受けられます。このようなものの場合、視覚障害者にとって、スイッチが入っているのか、はたまた切れているのかなかなかわからないという声が多くあがりました。そこで、スイッチが入った時と切れた時に別の音が鳴る、もしくは音声で案内があるなどの家電も増えてきています。

　以上みてきたように、音には、広範囲で複数の情報の受動的な収集、触れないものや触ってわからないものの情報補完などの役割があります。このように聴覚情報と触覚情報の特徴を踏まえながら、バリアフリーやユニバーサルデザインが考えられていくことが望ま

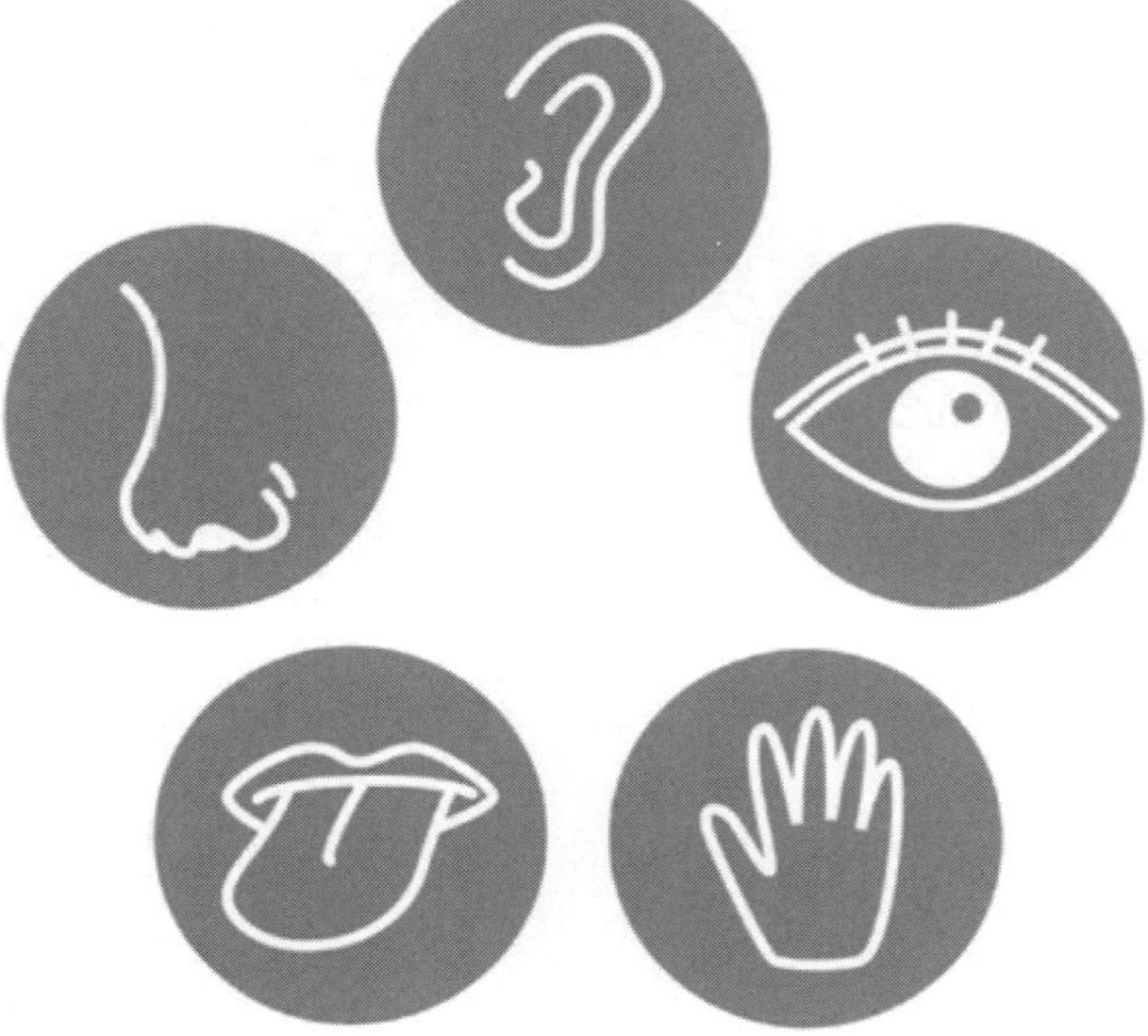

相互に補い合う五つの感覚情報

れます。

**Dr. Noiseの解説——目の見えない人の周辺環境に対するイメージ**

目の見えない人はどのように周辺環境をイメージするのじゃろうな?

ここでは、視覚障害者の周辺環境に対するイメージについてみていくこととしよう。

視覚障害には、九ページでも説明したように、まったく見えない全盲と、見えづらい状態のロービジョンとがある。ロービジョンの場合、視力が弱い、視覚の一部が欠けるといったことはあるが、基本的に視覚的なイメージをもつことはできる。なので、細部がわかりづらい、遠近感がわからない、遠くのものの理解が難しいといったことはあるが、周辺空間のイメージは晴眼者と根本的な差はあまりないことが多いようじゃな。

では、全盲の場合はどうじゃろうか?

全盲は、医学的には生れつきか否かで、先天盲と後天盲とに分類される。しかし心理的影響を考える場合、ものを見た時の映像の記憶、言い換えれば視覚的経験の記憶、もしくは視覚表象の有無が大きな問題となるな。生後三年程度までの失明の場合には、あまり記憶が残らず、心理的には先天盲に近くなる。そこで、心理学の分野では、視覚表象をもたない全盲を「早期全盲」、視覚表象をもつ全盲を「後期全盲」と呼ぶのじゃ。

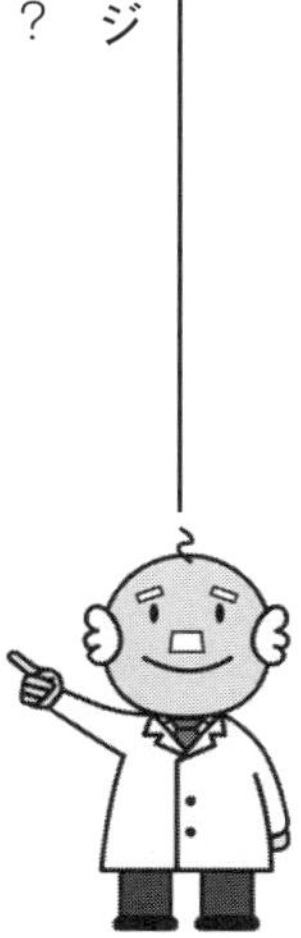

後期全盲は視覚表象をもつため、空間のイメージ形成は目が見えていたころの記憶に大きく依存しておる。失明期間が長くなると、記憶が退化したり再生が困難になったりすることもあるが、聴覚情報、触覚情報など視覚以外の情報から、視覚的なイメージを再生できることが多いな。さらには、三次元的な空間のイメージや空間を上から眺めたイメージ（すなわち地図のイメージ）をもち合せていることも多い。街中を歩く際に描かれるメンタルマップ、すなわち頭の中の地図も、いわゆる一般的な地図に近いイメージになる傾向が強いようじゃ。

反対に、早期全盲は視覚表象をもち合せていないので、視覚的なイメージを想像することは難しくなる。また、自分が移動した感覚をもとに、その空間を上から眺めたイメージを描くことには困難を伴うケースもあるな。

一概にはいえないのじゃが、とくに歩行経験の少ない早期全盲の場合、街中を歩く際のメンタルマップは、一般の地図のようなものよりも、「直進↓目印で右折↓直進↓目印で左折」、というように、線的なイメージになりやすい傾向があるようじゃ。早期全盲の人の中には、「『地図』という言葉は知っているけれど、それがどのような物かは知らない」といった人もおる。このようなことから、早期全盲は広がりをもった周辺環境のイメージを形成したり、そのイメージを頭の中で操作したりすることが難しいという人もいるな。しかしながら、経験や訓練をつむことで、これらのことも可能になり、*触地図などを理解し描くこともできるようになるという報告もあるのじゃ。

＊触地図
触ってわかるように凹凸を用いて描いた図を「しょくちず」（もしくは「触図」）と呼びます。漢字としては「触地図」「触知図」が使われ、前者はとくに「触ってわかる地図」後者は「触ってわかる図の総称」として用いられます。ここでは「地図」の意味でこの字を用いました。

## ■目の見えない人の周辺環境のイメージと音の利用

先のDr.Ｎｏｉｓｅの解説にもあるように、視覚障害者のもつ周辺空間のイメージは、視力の有無や障害をもつようになった時期などによって大きく異なります。そのヴァリエーションは、もしかすると晴眼者のそれよりも多様かもしれません。また、このイメージの仕方は、音などの情報の利用の仕方にも多分に影響を及ぼします。

では、周辺環境のイメージの仕方が異なると、聴覚情報の利用にはどのような影響があるのでしょうか？　Dr.Ｎｏｉｓｅの解説にもあったように直線に近い形で空間をイメージして歩行する場合、自分が移動する経路上の目印を適切にたどることが重要となってきます。このため、自分が歩行する経路から離れたところの音などの利用は少なくなり、経路上の細かな目印を意識的に順番に記憶していく傾向が強くなります。また、普段鳴っている音がたまたま鳴っていなかったりする場合、混乱を引き起こしやすくなります。一方で、二次元的（もしくは三次元的）な地図のようなイメージをもって歩行する場合には、周辺空間がどのように構成されているかを把握し、その中で自分がどのように移動するのかを考えていくので、広範囲の聴覚情報の利用がなされます。とくに、大きな道路や電車からの音は、都市の中での主要動線の配置や進行方向を把握するのに重要になってきます。また、経路上の細かな情報を一つひとつ記憶することよりも、大きなまちなみの構成を把握するための情報や、経路上の物に限らずとくに目立って確実な情報を選択的に記憶していく傾向が強くなります。

このように、空間のイメージの仕方によって、音の利用方法も異なってきます。視覚障害者のための音環境のあり方を考える場合には、視覚障害者の空間認知特性は無視できない要素であるといえましょう。

## ■安全な外出のための音の利用

屋外を歩行する際、視覚障害者は音からどのような情報を得ているのでしょうか？　ここで、音について考える前に、視覚障害者の歩行について触れておきます。視覚障害者の歩行は、モビリティ（mobility）とオリエンテーション（orientation）の二つによって構成されています。モビリティとは身体の移動そのもののことで、安全に歩けることが大切です。（オリエンテーションについてはまた後ほど。）ここでは、モビリティのための音がどのように利用されるのかについてみていきましょう。

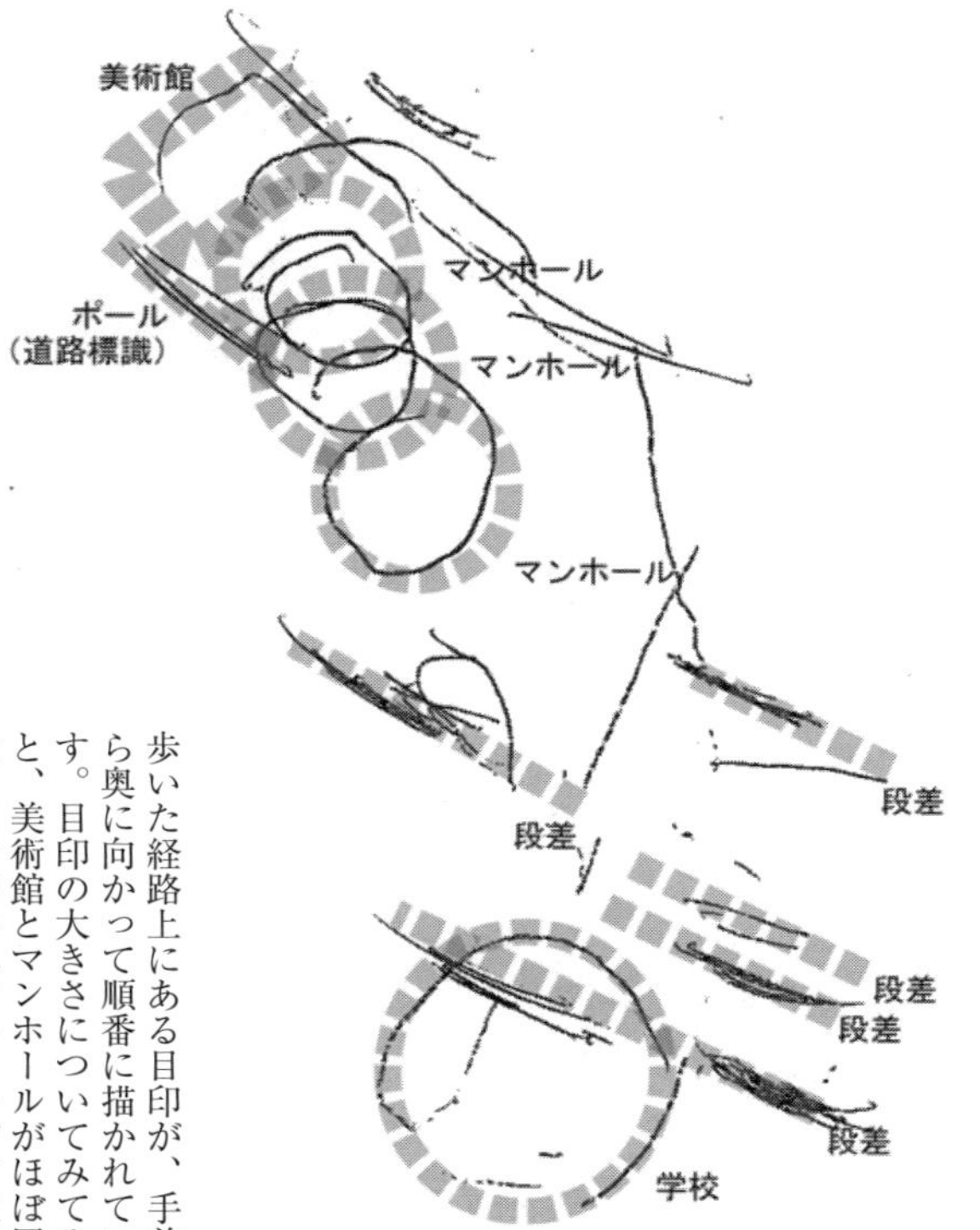

早期全盲の人が描いた地図（例）

歩いた経路上にある目印が、手前から奥に向かって順番に描かれています。目印の大きさについてみてみると、美術館とマンホールがほぼ同じ大きさで描かれているなど、大きいものが必ず大きく描かれているわけではありません。心理的な重要度が大きさに反映されていると考えられます。また目印の配置については、上空から眺めた際の配置（いわゆる一般の地図上での配置）とは異なっていて、手前から奥への「順番」こそが重要視されている点が特徴的です。

う。

モビリティのための音の利用は、危険回避や障害物の認知のための音の利用ともいえます。街中にはさまざまな音が存在しますが、その中でももっとも危険回避のために利用されている音は、おそらく車、自転車、他の歩行者の足音でしょう。視覚障害者は、これらの交通音を利用しながら他の通行物を回避するわけで、逆にいうと音以上に利用できる情報はいまのところありません。このため、工事などの非常に大きな音があると、車の走行音がかき消され、非常に危険になります。

歩行に慣れた人の場合、交通音を利用した回避行動は非常に頻繁なため、「音を利用している」という意識はあまりなく、時には無意識のうちに行われます。しかし、歩行に不慣れな人や恐怖心が強い人の場合、これらの音に対しての意識が大きくなる傾向があります。そして、交通量の多い場所や人ごみなどでは、相当な注意力が必要とされ精神的疲労が増すことになります。

交通音がとくに利用されるのは、道路を横断する場合です。渡る方向に垂直に走る車が停車する音、自分と平行方向に走る車の発車音などを頼りに、道路横断の機会をはかります。また、自分と平行に進む歩行者や自転車の音に付いて横断するなどの方法もあります。しかしながら、大きな交差点、右折矢印信号がある交差点、スクランブル交差点などでは、車や人の流れがランダムなため、これらの音だけではうまく横断機会がはかれない場合があります。このような時に役に立つのが音響式信号機で、これによってより確実に横断機会がはかれるようになります。

信号無視をしている人がいると、一緒に信号無視をすることになっちゃうね

モビリティとオリエンテーション

ほかに、車や人などの移動している物ではなく、動かない障害物の存在を知るのにも音が利用されます。ある程度の経験を積んだ視覚障害者は、障害物からの反射音によって障害物を発見したり（エコーロケーション）、障害物によって遠方からの音が遮られて音が小さくなる（音の影）のを感じて障害物を発見したりします。駐車車両などのある程度の大きさをもった障害物であれば、離れた場所からその大きさや距離まで把握することがあります。しかし、この場合には非常に微細な音を聞き取る必要があるため、騒音が多すぎたり音が響きすぎたりするような場所では、これらの音による障害物知覚は難しくなります。

以上にみてきたようなモビリティのための音の利用は、単独歩行の視覚障害者のほぼすべての人にみられること、代替情報もあまりないことから、その重要性がうかがえます。したがって、このような音の聴取を妨げるような大きな音は、危険に直結し、晴眼者が迷惑と思うのとは比較にならないほど視覚障害者にとっては深刻な問題となります。

**Dr.Ｎｏｉｓｅの解説――エンジン音で車に気づく**

ハイブリッド車や電気自動車がモーターで走行しているとき、車が近づいていることに気が付かなくてびっくりすることも増えているらしいぞ。なので、「ハイブリッド車等の静音性に関する対策のガイドライン」なるものが定められて、低速走行時に音が鳴るような仕組みがつくられているのじゃ。

## ■音によるオリエンテーション

前項では、視覚障害者のモビリティのための音の利用について触れましたが、ここではオリエンテーションのための音の利用についてみていこうと思います。オリエンテーションとは環境の中で自分自身を定位することで、言い換えれば都市の構成など周辺の環境を理解し、そして自分の位置や目的地の方角の認識などをすることです。アメリカの著名な都市計画家・建築家であるケヴィン・リンチは、都市の構成に対して人がもつイメージ像は五つの要素によって構成されていると述べています。この五つとは、ランドマーク、パス、ノード、エッジ、ディストリクトです。それぞれについては以後で細かくみていきますが、この五つの要素をきちんと認識できていなければ、またその位置関係が把握できなければ、街中を自由に移動することは難しくなります。たとえるならば、道路は描いてあるけれど目印がまったくない地図、もしくは目印は書いてあるけれど道路がまったく描いていない地図をもとに街中を歩くようなものです。では、この五つの要素とそれを認知するための音の利用についてみていきましょう。

### ①　音のランドマーク

まずランドマークですが、ある場所を示す何か特徴的なもののことで、平たくいうところの目印です。視覚障害者が利用す

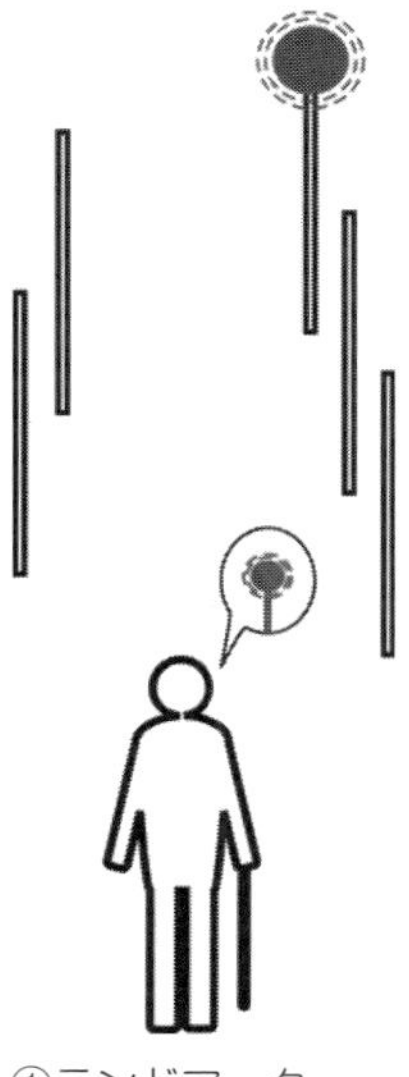

①ランドマーク

るランドマークとしての音は、時にサウンドマーク、キューといった呼ばれ方もします。絶えずもしくは頻繁に、同じ場所で同じ音が鳴っていることで、その音が、ある場所を示す目印となるということです。より目立ち、頻繁に鳴っていて、特徴的な音ほどランドマークとして利用しやすくなります。晴眼者であれば、目立つ建物や看板などがランドマークとなることが多いのですが、視覚障害者の場合はこの役割を音が担うことが多くなります。

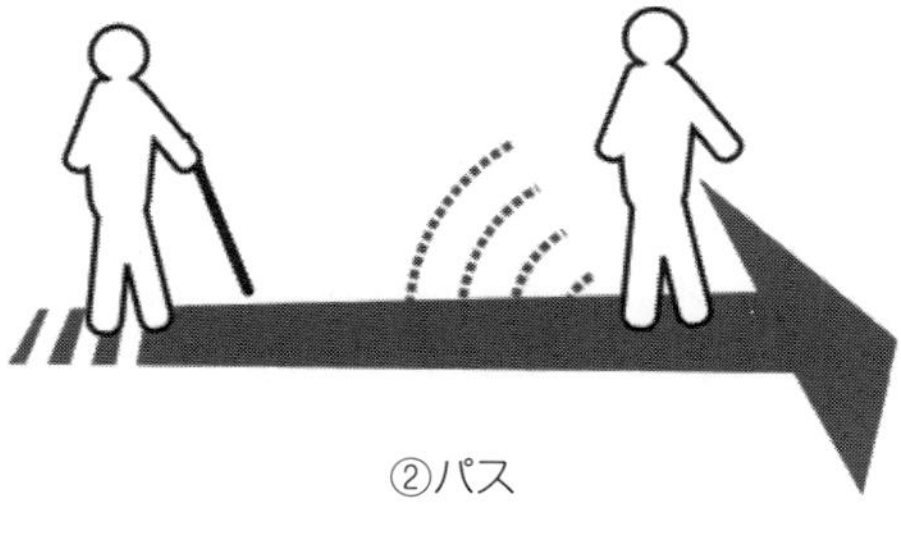

②パス

### ②　パスの把握のための音

パスとは、すなわち通路のことで、道路や遊歩道などの通行できる道筋を意味します。街中などを移動する際、または街のつくりがどのようにパスの認知に重要な役割を果すようになっているのか認知するのに重要な情報です。車の音は、晴眼者には騒音の代表のように取り扱われ嫌われることも多いのですが、視覚障害者にとっては重要な情報で、自分の脇を走る車の走行音だけでなく遠方の車の走行音が聞こえることで、広い範囲の道路を把握することが可能となります。

### ③　ノードの把握のための音

車の音や他の歩行者の足音は、パスの認知のみならずノード（接合点・集中点）の認知にも役立ちます。たとえば、歩行している時、自分と垂直に移動する車や人の音を聞くことで、そこに交差点があることがわかります。また車の場合、走行音だけでなく交差点で停車する音や停車時のアイドリング音もノードの認知に役立ちます。その他に、音響式信号機の音も役に立ちます。音響式信号機は大きな交差点や主要な横断歩道に設けられていることが多く、ノードと同時にランドマークの認知としても役に立っています。

### ④　エッジの把握のための音

エッジの認知、すなわち境界線の認知には触覚情報への依存が比較的大きくなります。道路と建物などのある空間と空間との境界線は、白杖などで縁石、壁、路面仕上げの違いを探って認知されることが多くなります。しかしながら、必ずしも白杖で伝うことがなくても壁のようなはっきりとした境界線がある場合には、音の情報だけで境界線が認知されることもあります。これはエコーロケーションや音の影によるものです。壁などで自分の足音、白杖をつく音、近くを走る車の音などが反射することで、壁の存在を認知し、同時に境界線を認知することがしばしばあります。また、遠方からの音が壁や建物で遮られることで、そこに壁や建物があることを認知することもあります。これらの情報利用には、ある程度の経験が必要とされますが、白杖をこまめに振ることなく広い範囲の境界線が認知できるため、非常に

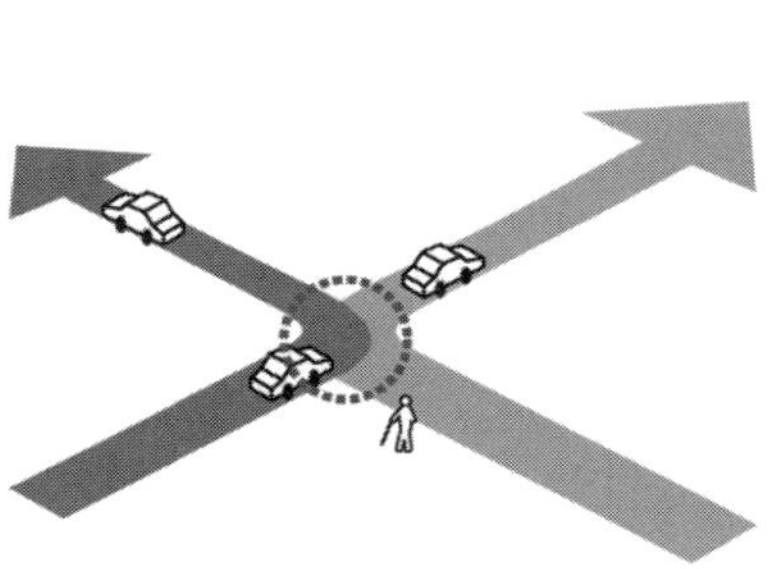

③ノード

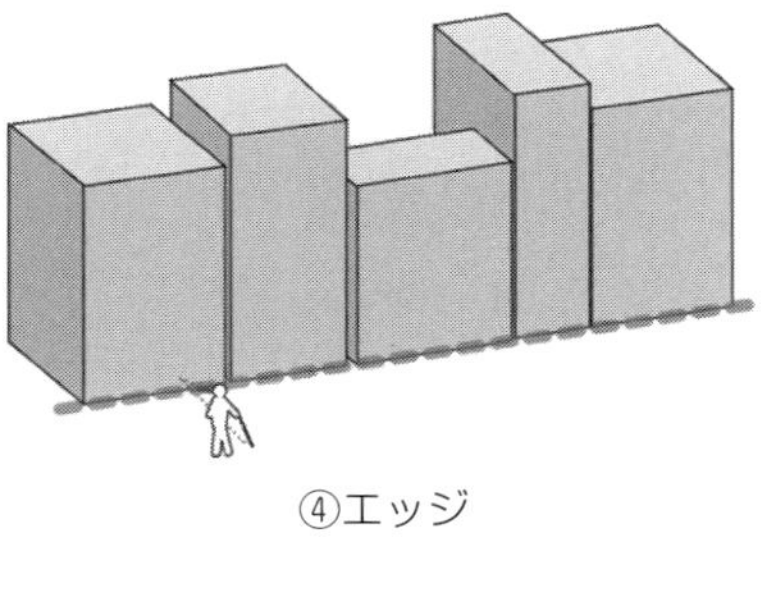

④エッジ

有効な音の利用方法です。

### ⑤　ディストリクトの把握のための音

最後に、ディストリクトですが、これはある領域をもった地域を意味するものです。たとえば、比較的閑静な場所で、高い位置から布団をたたく音が聞こえ、その音が周囲の建物で反射していたりすると、その一帯が団地だということが想像できます。ディストリクトの認知が単体の音だけでなされることは比較的稀で、周囲でどのような音がしているか、どのように聞こえるか等の総合的な情報判断からなされることが多いようです。

視覚障害者のための音環境整備というと、ランドマークとしての情報がイメージされ、目印となる音を増やすような対策がなされることが多いのですが、ここでみたように視覚障害者の聴覚情報利用は多岐にわたります。その場その場で、何をどのようにイメージしてもらうかを考えたうえで、音の情報をデザインしていくことが大切でしょう。

## ■音と方向

視覚障害者は、街中を歩く際に多くの音を利用します。ただし音が聞こえてさえいればよいというものではありません。たとえば、車などの障害物をよける場合、

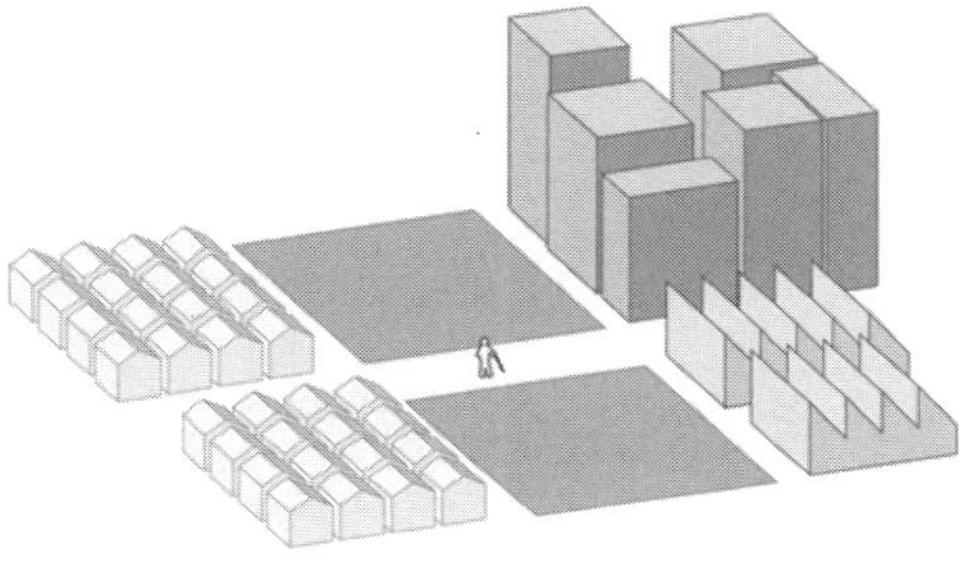

⑤ディストリクト

車の音がどこから聞こえてくるのかを判別することで、その障害物を避けることができます。また、視覚障害者用に設置された誘導音の多くは「ここに何々がありますよ」「こっちにくればどこどこに行けますよ」といった意味合いのものです。このような誘導音を利用するためには、やはり音源の位置の把握は必須になります。言い換えれば音源の位置をどれほど正確に把握できるか否かが、音の利用には大きな鍵となるわけです。では、どのような状況だと、もしくはどのような音だと音源の位置を把握しやすいのでしょうか。逆にどのような状況、どのような音が音源の位置の特定に向かないのでしょうか。

まず音の種類としては、純音（単一周波数の音）は音源の位置を把握するのに向いていません。すなわち誘導音に純音を用いることはよくありません。純音の場合は、音源の方向が自分の前であるのか後ろであるのかの判断を間違えやすいということがわかっています。とくに誘導音として人工的に音を設置するのであれば、なるべく多くの幅広い周波数を含んだ音を用いることが好ましいでしょう。「公共交通機関の旅客施設に関する移動等円滑化整備ガイドライン（改訂版）」にも、音の案内に関して「純音は不可」「広い周波数帯域をもつ音を用いる」「最低周波数は一〇〇ヘルツ～一キロヘルツ、最高周波数は八キロヘルツ以上」「その周波数帯域内にできるだけ多くの成分をもつ複合音」等の記述をみることができます。

音源の位置の特定には周囲の状況も大きく影響します。いろいろな音が入り混じって聞こえる場所では、当然音源の位置を見つけることは困難になります。騒音が視覚障害者にとっていかに深刻な問題かが、ここでもわかると思います。大きな駅などではもともとの周囲の騒音が大きいため、これに負けないくらいの音量で誘導音が流される場合もありますが、利用しない人にとって、もしくはその周囲にとどまって働いている人にとって心理的負担になる危険も考えられます。その意味では、誘導音を設置する際には同時に周囲の騒音を下げる努力も必要だといえます。

ほかには、残響や反射音が問題になることがあります。音の響きが多い場合、先に述べたように周囲の騒音が大きくなり、誘導音が聞き取りにくくなる恐れがあります。また、いろいろな所で音が反射してしまい（極端な場合の例として銭湯のような空間を想像していただくとよいかもしれません）、誘導音がどこでなっているのかわかりづらくなります。ガラス面や硬い壁面などで誘導音が反射し、音源の方向を間違えてしまうケースもあります。近年ではガラスを多用した公共建築も多々見受けられ、ロービジョンの人が誘導音の方向を間違えてガラスにぶつかるといった話もあります。このような問題を避けるためには、誘導音の設置位置とともにその周辺の壁面・床面・天井面の吸音処理を考慮する必要があります。またこのような吸音処理は、その場所の騒音を減らすことにも有効になる場合があります。

以上に述べてきたように、誘導音の多くはその利用のために音源の位置を把握する必要性を伴います。したがって、誘導音を設置する際には、音種、設置位置、周囲の騒音、吸音処理などについて同時に検討することが大切です。

あちこちからピーンポーン、ピーンポーンと聞こえてくると、かえって送っちゃうよね

## ■ブラインドウォークをしてみると

ブラインドウォークとは、日本語でいうところの「目隠し歩行」で、体験学習を目的としたプログラムです。ブラインドウォークでは、通常目隠しをした人と手引きをする人がペアとなって、建物の中や街中などを歩行します。目隠しをする人は、目が見えないで歩行する状況を、手引きをする人は、どのような手引きをすれば安全で安心な歩行ができるかを体験します。近年では、福祉関係の学校をはじめ小中学校の総合学習など、いろいろな所で行われる機会が増えてきています。あくまでも一時的な疑似体験なので、視覚障害者の心理までをも完全に体験することはできませんし、漫然とやっているとただ「視覚障害者はたいへんなんだなぁ」で終ってしまいますが、いろいろな物事に注意を払いながらこのブラインドウォークを行うと、さまざまなことがわかります。

まず気付くのは、段差や障害物の多さでしょう。普段、何気なく避けている段差や障害物が、いかに歩行の妨げとなるか、いかに恐怖心をあおるものかがよくわかります。始めのうちはこれらに意識が集中して、まわりの状況にまであまり注意が行きません。「視覚障害者は音に敏感」としばしば語られますが、慣れないうちは音にまで注意が行き届かないことが実感できます。

また、時々意識に止まる音も、何かの役に立つことよりも、恐怖感を煽ることの方が多いかと思います。とくに車の走る音などは、車を避ける時、道路の横断機会をはかる時、道路の進行方向を把握する時など、欠かすことのできない目印ではありますが、不慣れなうちは車の音が聞こえることでむしろ非常な恐怖心を憶え歩行が困難になります。

しかし歩行に慣れてくる、または介助者との意思疎通がうまくいくようになるに従い、さまざまな音が周辺空間を把握するのに非常に有効な情報源となっていることが実感されてきます。また同時に、普段聞き逃している微細な音の存在に気がつくようになってきます。たとえば、自動販売機の音です。晴眼者は普段は視覚で認知しているため自動販売機からの音など気にも留めていません。しかし、ブーンという小さな音が聞こえると、「そういえばこの辺に自動販売機があったなぁ」という目印になります。似たような音で、エアコンの室外機等も歩行の目印になります。ほかにも、とくに雨が降った後にはマンホールや側溝から水の流れる音が聞こえてきます。このような音は、ランドマークとして役立つほか、一定間隔で連続してある場合などには道路の進行方向の把握にも役立ちます。遠くの電車や大きな道路の音、ペットの鳴き声、風が吹いた時の木の葉ずれの音、コンビニの入り口の音…と、あげていけばきりがないほどですが、普段晴眼者が意識に止めることのない些細な音が、視覚障害者が周辺環境を把握する際にいかに重要であり役に立っているのかがよくわかります。

一方で、大きなトラックが走ったり近くで工事をしたりする音がして、突然、何が何だかわからなくなることがあります。先述のように、大型車や工事に対する恐怖感から注意が他の情報にいきわたらなくなるというのもありますが、細かな音情

体験学習：ブラインドウォーク

報がまったく聞き取れなくなることで、まわりに何があるのか、自分がどっちを向いているのかわからなくなります。このことからもわかるように、情報となるいろいろな音の聴取を妨げる騒音を取り除くこと、言い換えれば音に対してマイナスのデザインをしていくことも、音情報を配置していくことと同様に重要であると実感できます。

もっとどんな情報があるのか詳しく知りたい、話だけでなく自分で実感してみたいという方には、一度ブラインドウォークを体験してみることをお勧めします。ただし、くれぐれも安全にはご注意ください。

## ■点字の案内はどれくらい役に立っているのか?

点字の案内は、いろいろな場所や物につけられるようになってきています。とくに公共性の高い駅空間では、料金案内、階段などの手すり部、触知案内板など、また街中でも押ボタン式信号機、エレベータ、ポスト、自動販売機などさまざまな場所で見かけることがあるでしょう。ほかにビールの缶、名刺などさまざまな日常品にも用いられることが増えています。こういう状況をみると「いろいろ考えられていて視覚障害者にとって便利になっている」と思えてきます。実際、点字の案内や説明の恩恵を受けている人も多くいます。しかし、これらの点字表記の中であまり利用されていなかったりほとんど役に立っていなかったりするものがあることも事実です。また、視覚障害者の中にも点字の恩恵をほとんど受けていない人もいます。視覚障害者のために設けられた点字案内や説明が、なぜ「あまり利用されていない」「役に立たない」ということになってしまうのでしょうか？　なぜ、点字表記の恩恵を受けられない視覚障害者がいるのでしょうか？

点字案内が利用されない理由はいろいろあります。たとえば、せっかく点字の表記内容があるのに必要な情報を提供していない（必要でない情報を提供している）という場合もあります。たとえば、階段の手すりに「かいだん」とだけ書いてあって、どこに通じる階段かは書いていないといったような状況です。点字案内の存在自体に気がつかない、もしくは気づきにくい所に設置されているといったことも利用されない大きな原因です。とくに街中に設置された点字案内は、常に壁などを手探りしているわけではないので、見つけづらいのは事実です。

それでは、適切な場所に適切な内容の案内を点字で付けさえすれば、視覚障害者にとって有効な案内や説明となるのでしょうか？　残念ながら、実はそれほど簡単な問題ではありません。点字の案内があまり利用されない大きな理由の一つは、点字の識字率の低さなのです。つまり視覚障害者のうち、そもそも点字を利用できないという人が大半を占めているのです。

平成十八年度の厚生労働省の調査によると、視覚障害者のうちで点字を利用できる人は実はたったの一割強ほどです。視覚障害者には全盲よりも弱視が多く、大きくはっきりと書かれた文字は読むことができるため点字を覚える必要性がそれほどないという人も少なくありません。また、全盲になると墨字の利用ができなくなりますが、それでも全盲の人の内、点字を利用する人は二、三割です。視覚障害に関しては医療技術の進歩や社会の高齢化の影響もあり、生れつきや生後まもなく視覚に障害をもつ人の割合は少なく、中途障害が過半を占めます。中途障害における人生半ばでの点字の習得はけっしてたやすくはありません。とくに中高年で障害をもつようになった場合、新しいものへの対応、記憶力、指先の感覚などを考えると、点字の習得には非常な困難を伴います。「視覚障害者＝点字を利用する」と思ってしまいがちですが、実は点字が利用できる人は視覚障害者の中の一部であり、点字は視覚障害者に対して万全ではないという認識は重要です。

では、視覚障害者にはどんな案内が有効なのでしょうか？　人によって利用する情報形態も違いますし、場合によって必要な情報も変るので、これは簡単に答えられる内容ではありませんが、この本のテーマでもある「音（音声）」による案内は有効な手段の一つであるといえましょう。また、浮き出し文字による案内表記や弱視の人に対してのコントラストのはっきりした大きい文字での案内表記なども増えてきています。

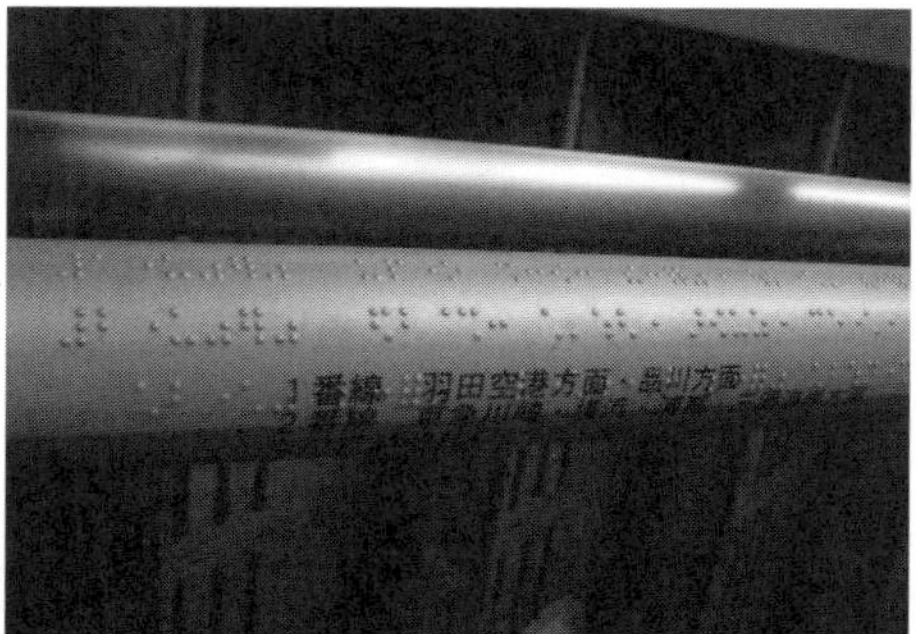

駅の手すり点字案内

## Dr.Noiseの解説——なぜ純音ではだめなのだろう?

我々のまわりには実にいろいろな音があふれておる。もっとも単純な音が「純音」じゃ。音は波であるといわれるとおり、純音は正弦波で表すことができる。正弦波の性質は「周波数」と「振幅」によって定まる。周波数は一秒あたりに振動する回数のことで、音の高さの感覚と対応する。つまり周波数が高いほど音は高く感じられる。一方の振幅は、音の大きさの感覚と対応する。

環境の音や人の声、楽器の音には、純音はほとんど存在しない。これらの音は、いろいろな周波数の純音が足し合さってできておる。逆にいえば、身の回りのさまざまな音は純音に分解できるのじゃ。

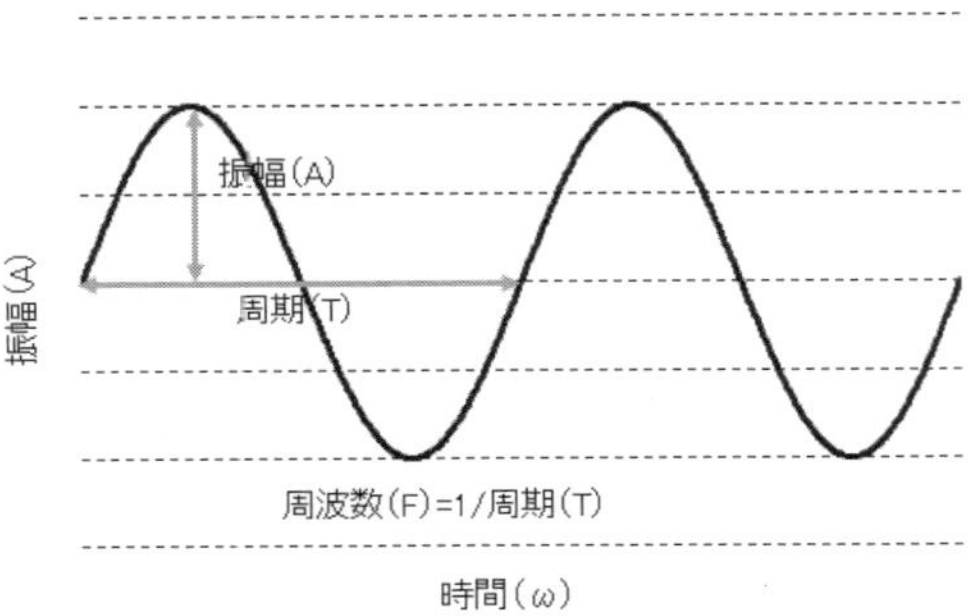

正弦波で表現される純音

純音で誘導音をつくってしまうと、周囲の音にまぎれて、埋もれてしまいやすい。つまり聞き取りにくくなってしまうんじゃな。単純に「ポーン」という音だとしても、多くの周波数を含んでいる音ならば埋もれることなく聞こえやすくなる。また、前から聞こえているのが後ろから聞こえているのか、といった方向感が純音ではわかりにくいこともだめな理由なんじゃ。

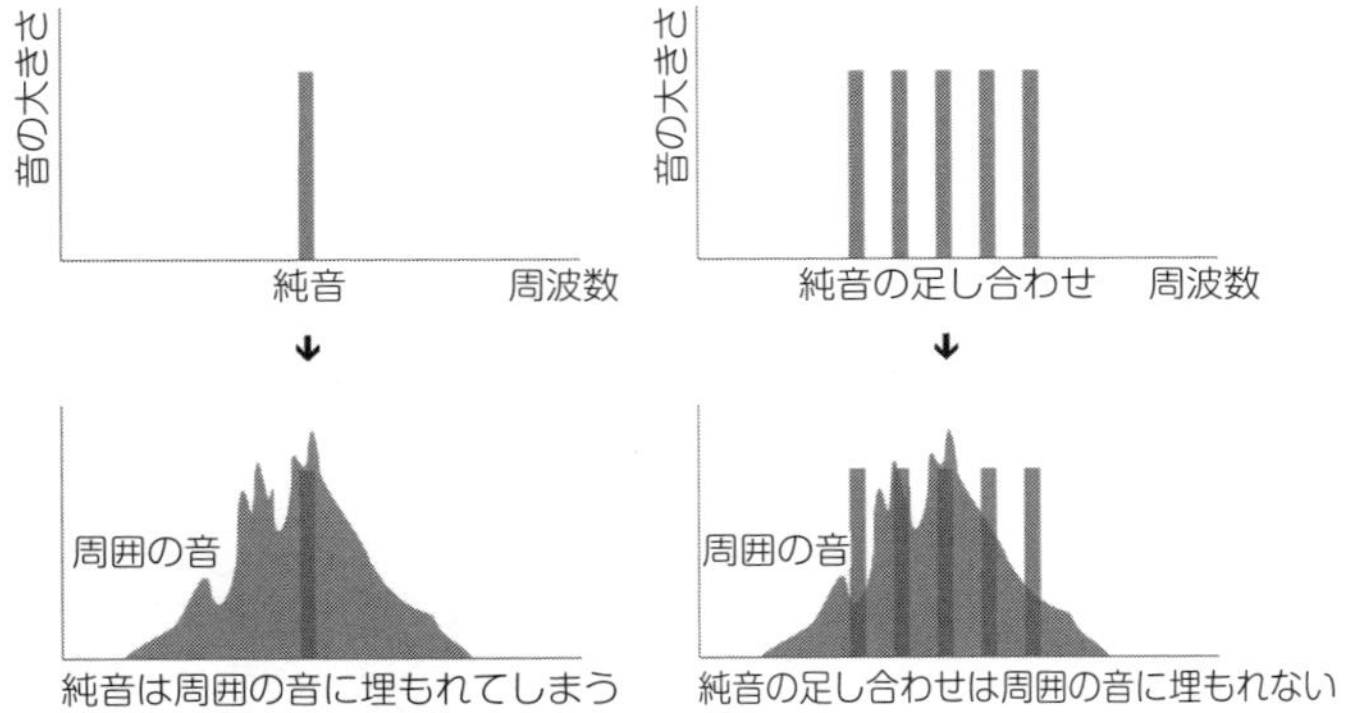

周囲の音に埋もれないように

## コラム――最近の路面・床面の触覚情報のはなし

長年にわたり、視覚障害者のための路面の誘導帯として「視覚障害者誘導用ブロック」（通称：点字ブロック）の普及が進みました。点字ブロックは一九六七年に岡山で敷設されたのが最初で、それから約半世紀、いまでは類似のものがいろいろな国に広がってきています。このことからもその有効性の高さ、視覚障害者の外出への貢献具合がうかがい知れます。

しかしながら、一方で表面の凹凸が新たなバリアを生み出しているのではないかという指摘もしばしば聞かれます。空港などでキャリーカートを引く際、妨げや騒音の発生源になっていると感じたことがあるかもしれません。ベビーカーで点字ブロックをまたぐとガタガタして、乗っている赤ちゃんはかわいそうですね。すり足歩行の高齢者や歩行補助車を利用する高齢者にとっては転倒の危険が生じます。車椅子利用者にとっても、不快・苦痛（とくに脊椎損傷の場合は深刻です）・転倒の原因となる危険があります。

このような問題の指摘を受けて、近年では路面の凹凸が極力少ない誘導帯が考案されてきています。屋内で床の仕上げがもともときれいな場所であれば、一般の点字ブロックほどの凹凸は必要ないであろうという考え方から、凹凸がきわめて低い点字ブロックが考案されています。また、路面の素材の違い（たとえば石とゴム）や仕上げの違い（たとえば石材の磨き仕上げとバーナー仕上げ）で誘導を行うような仕組みもつくられてきています。視覚障害者の誘導を主目的として

点字ブロックはすべりやすいのも問題らしいよ

凸凹の小さい誘導帯
東京都大田区役所

いるわけではありませんが、公園の遊歩道などでウッドチップ舗装を用いる、危険な場所の手前部分の路面の舗装を粗い表面の石で仕上げるなどして、結果的に誘導ブロックを用いなくても同等の効果を上げている例もあります。いろいろ探して歩くのも面白いかもしれませんね。

# Ⅱ節　聴覚障害と音

## ■「耳が聞こえない」とはどういう状況なのでしょう？

耳が聞こえないことと、目が見えないこと、どちらかを選択せよといわれたら、読者の皆さんはどちらを選ぶでしょうか？　目が見えないことに比べたら、耳が聞こえないのはたいした障害ではないと思われる方が多いかもしれません。しかし、盲・聾・唖の三重苦で知られるヘレン・ケラーは、次のような言葉を残しているそうです。

《もし神様が、私に三つの苦しみの中から一つだけ取り去ってくださるとしたら、私は迷わず、聞こえないことによる苦しみを真っ先に取り去ってくださるようお願いするでしょう。》

耳が聞こえない状況を理解するには、私たちにとって音がどのような意味や役割をもっているかを考えるとよいかもしれません。まず、私たちにとって「音」とは、コミュニケーションに不可欠な道具といえます。ここでいう「コミュニケーション」には、二つの側面があります。

一つめは、周囲の物や出来事と人とを結びつけるコミュニケーションです。たとえば、離れた場所で何かが起こった時、音を聞いてそれを知ることができます。また、視線を向けていない物体であっても、それが音を発していれば、その存在に気づくことができます。他の物体に隠されていても構いません。三六〇度どの方向にあっても、夜寝ている時であっても、音によって周囲の様子を知ることができます。耳はまさにレーダーの役割を担っています。音が聞こえなければ、耳はまわりの出来事を察知するレーダーの役割を果すことができません。

二つめは、人と人とを結びつけるコミュニケーションです。他の人と意志の疎通を図る道具として、音声はもっとも便利なものです。もちろん、手話や筆談など、別の手段でコミュニケーションをとることも不可能ではありません。しかし、効率のよさの点では、音声の方が圧倒的に優れているといえそうです。また、音声を用いると、相手の言葉を受け取るだけでなく、自分から他者に向かって話しかけることができます。自分に注意を向けていない人や離れた場所にいる人に対しても、声を発することで自分に気づいてもらい、自分の意志を相手に伝えることができるのです。

「耳が聞こえない」というのは、このような音や音声を用いたコミュニケーション手段が奪われてしまった状況を意味します。自分とまわりの物や人とを結びつけ

サリバン先生と指話を交わす幼いヘレン・ケラー（左）＝７歳時の撮影といわれている

社会福祉法人東京ヘレン・ケラー協会提供

る糸が切れてしまった状態です。他の人と同じ空間に居ながら、その空間を共有することができない。自分だけがまわりから隔離されてしまっている。そんな寂しさを感じて、きっとヘレン・ケラーは冒頭の言葉を残したのでしょう。

「人間は、外界の情報の八〇パーセントを目から取り入れている」といった説明を聞くことがよくあります。つまり、人間にとって視覚からの情報が一番多く、聴覚や触覚、味覚、嗅覚などからの情報は、それに比べたらはるかに少ないというのです。

確かに、視力を突然失えば、その日の生活からたいへんな苦労を余儀なくされることは間違いありません。しかし、耳と目にはそれぞれ違った役割があります。目が見えれば情報の八〇パーセントは確保できるので、耳が聞こえなくても困らない、ということにはならないでしょう。聴力を失ってはじめて感じるつらさや、いくら目を凝らしても補えない生活上の困難さがあります。これは、言葉の通じない国を一人で旅している時に感じる不便さや困難さに少し似ているかもしれません。

聴覚と視覚の違いは、情報の「量」ではなく「質」の違いであることに注意を向けることが大切でしょう。

## ■聴力とは？

耳の聞こえを調べるもっとも基本的な方法は、聞き取ることのできるもっとも小さな音の強さ（聴覚閾値）を測定することです。聴覚閾値は、オージオメータと呼ばれる検査機器を用いて測定します。ヘッドホンの左右どちらか一方から呈示される音が聞こえるかどうかを答えていく方法で、健康診断等でもおなじみの検査ではないでしょうか。

聴力測定の結果は、オージオグラムで表記されます。この図で、縦軸の〇《ゼロ》デシベルが聴力の基準となります。すなわち、聴力が正常な二十歳前後の若い人では、測定結果が〇デシベルにほぼ一致します。聴力が低下していると、文字どおり、下がったグラフとして記録されます。

オージオグラムをみることによって、難聴の種類や聞き取りにくい音の高さを知ることができます。

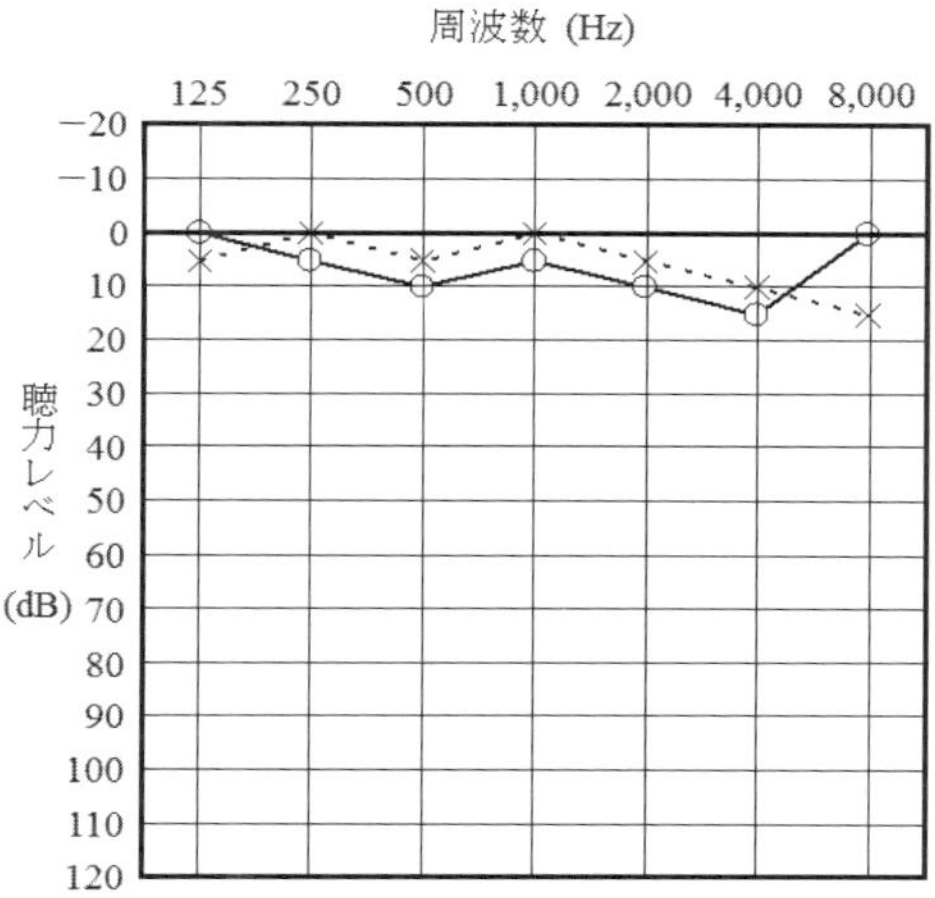

オージオグラム

## ■聴覚障害の程度と種類

聞こえの様子を表すために、いくつかの周波数で測定した聴覚閾値から「平均聴力レベル」を求めることがあります。たとえば、五〇〇、一〇〇〇、二〇〇〇ヘルツの三つの周波数の値を平均します。

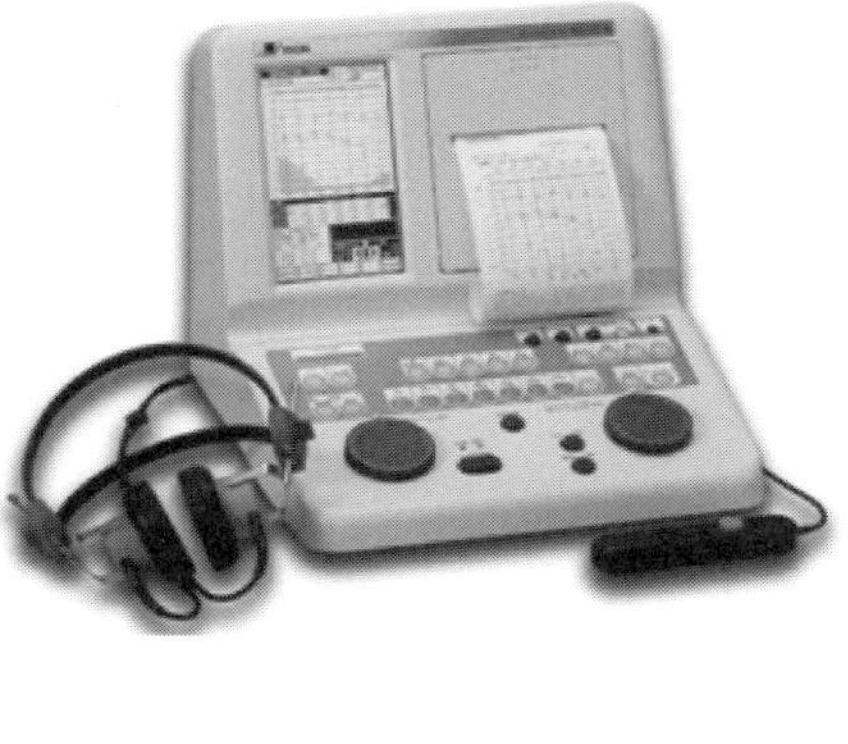
オージオメータ
写真提供：リオン株式会社

平均聴力レベルと聞き取りの不自由度

| 難聴の程度 | 平均聴力レベル | 聞き取りの不自由度 |
|---|---|---|
| 正常 | 25 dB 未満 | ・普通の会話は問題ない。<br>・声が小さいと聞き取れないことがある。 |
| 軽度難聴 | 25 ～ 50 dB 未満 | ・声が小さいと聞き取れないことが多い。<br>・テレビの音を大きくする。 |
| 中等度難聴 | 50 ～ 70 dB 未満 | ・普通の会話が聞きづらい。<br>・自動車が近づいて初めて音に気づく。 |
| 高度難聴 | 70 ～ 90 dB 未満 | ・大きな声でも聞きづらい。<br>・商店街などの大きな騒音しか聞こえない。 |
| 重度難聴 | 90 dB ～ | ・耳元での大声も聞きづらい。<br>・日常音はほとんど聞こえない。 |

神崎・小寺編，補聴器の選択と評価，p.9，メジカルビュー社，1996.

平均聴力レベルと聞き取りの不自由度との関係は、およそ上の表のようになります。また、一般に、平均聴力レベルが四〇デシベルをこえる場合に補聴器が必要と判断されることが多いようです。

聴覚障害は、障害のある部位によって、伝音性難聴、感音性難聴、混合性難聴に分類することもできます。伝音性難聴は外耳から内耳の入口に至るまでの部位の障害による難聴です。この難聴は、多くの場合、補聴器などを使って耳に入力する音を増幅することで、聞こえを改善することができます。

感音性難聴は、内耳または内耳から脳の聴覚中枢に至るまでの部位の障害による難聴です。加齢に伴う聴力低下（五六ページ）のおもな原因も感音性難聴にあります。感音性難聴の場合、音が小さく聞こえるだけでなく、ひずんだり響いたりして聞こえることがあります。そのため、補聴器などで音を増幅するだけでは、十分に聞こえを改善することができません。混合性難聴は、伝音性難聴と感音性難聴の両方の要因を併せもつ難聴です。

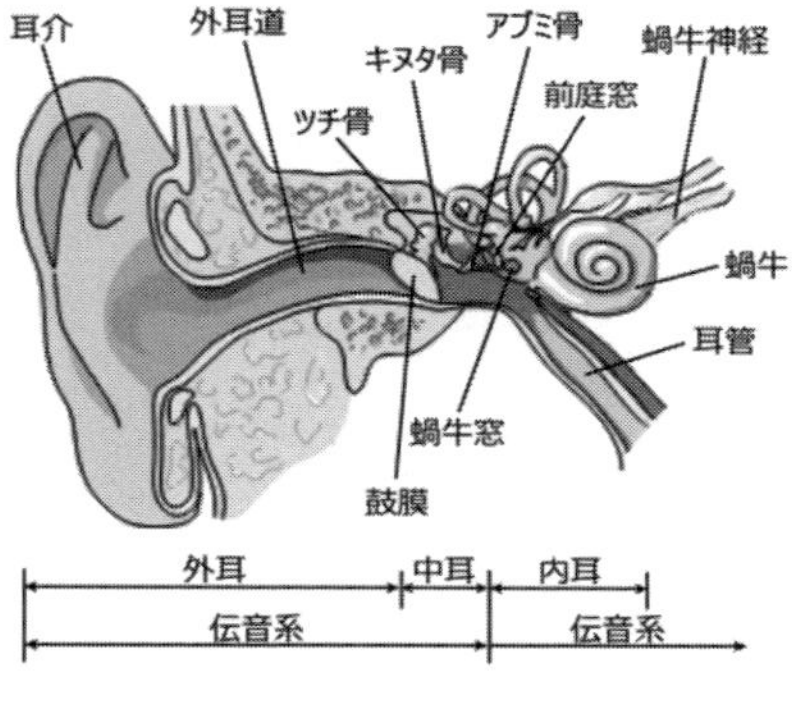

ヒトの耳詳細図

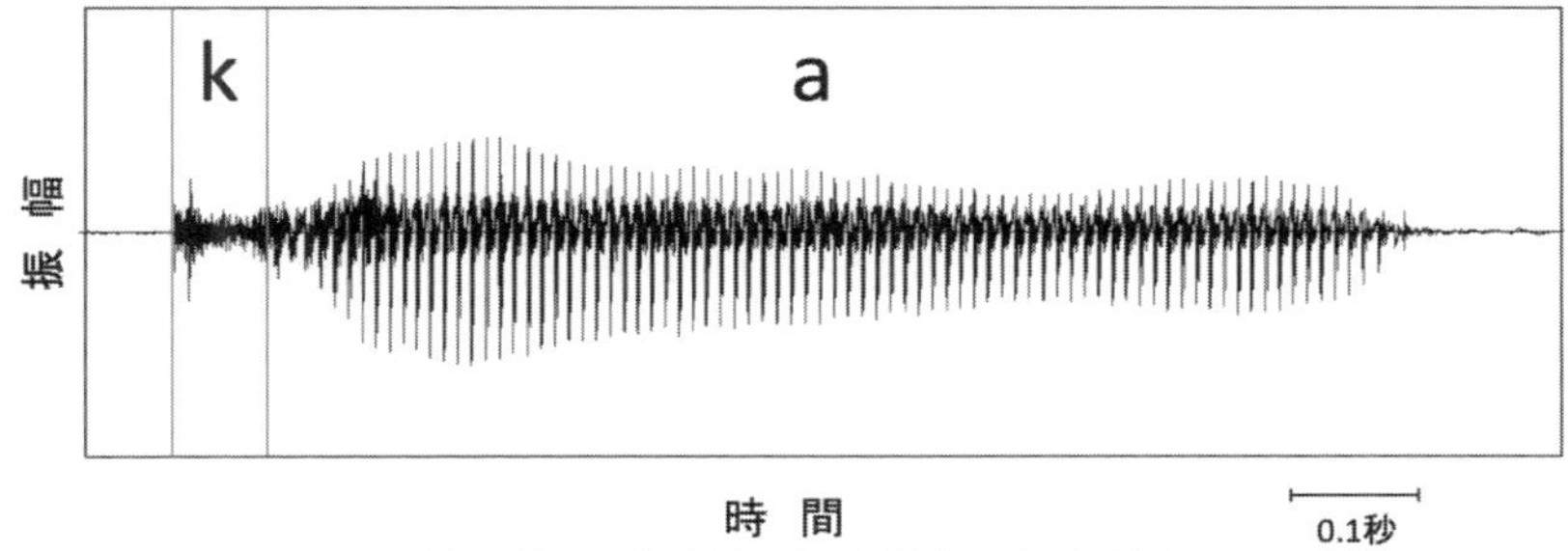


「か／ka／」と発音した場合の音の波形

このように、「聴覚障害」と一言でいっても、その程度と種類はさまざまです。また、まったく音が聞こえない、いわゆる全聾《ぜんろう》の人はあまり多くありません。九〇パーセント以上の聴覚障害者には、何らかの聴力（残存聴力）があるといわれています。

聴覚障害者に対するバリアフリーを考えようとすると、手話（四七ページ）を使うなど、視覚的に情報を補うことにばかり考えが向いてしまいがちです。しかし、補聴器などにより残存聴力をうまく活用している聴覚障害者にとっては、音による情報はやはり重要なものです。

### ■時間分解能・周波数選択性の低下

小さな音が聞こえるかどうかだけでなく、障害によって聴覚のさまざまな側面が変化します。

音の短時間の変化を聞き分ける能力を、聴覚の時間分解能といいます。聴覚に障害を受けると、この能力が低下することがあります。そのため、音声の聞き間違いが多くなります。例として、「か /ka/」と発声した音の波形を、図（前ページ）に示します。子音の/k/の部分は、母音/a/に比べて音量が小さく、また持続時間も短くなっています。そのため、時間分解能の低下した耳では、/a/は正しく聞き取れても/k/は聞き取りにくくなります。その結果、「か」を「た/ta/」や「な/na/」と聞き間違えることが起こります。

さまざまな音が混じった中から目的の音を聞き取る能力を、聴覚の周波数選択性といいます。この能力もやはり、聴覚の障害によって低下します。この低下によって、たとえば周囲に騒音がある場所で、相手の話し声を聞き取ることが難しくなります。静かな場所では会話に不自由しなくても、うるさい場所での会話に困難を感じることがあるのは、この周波数選択性の低下が関係しています。

この様子は、たとえば視覚的に表現すると、下図のようになります。周波数選択性の低下は、このように画像の細かな部分が、ぼやけたりにじんだりしてしまった状態に相当します。いったんぼやけてしまった画像は、拡大したり明るくしたりしても、あまり見やすくはなりません。それと同じように、周波数選択性が低下した状態で相手に大きな声で話してもらっても、必ずしも聞き取りやすくはならないのです。

元の図

周波数選択性が低下した状態を模擬した図

**Dr. Noiseの解説――手話と筆談**

聴覚障害者とコミュニケーションを取る手段として、まず手話を思い浮べる人が多いかもしれんのう。手話で会話する主人公が話題になったテレビドラマもあったし、NHKのEテレ（教育テレビ）では「手話ニュース」という番組を毎日放映しておる。街では手話のできる販売員がいるお店も増えてきておるから、手話はさらに身近なものとなってきたかもしれん。

じゃが、手話を日常的に使用していて理解できる人の割合、いわば手話の〝識字率〟というのは、聴覚障害者の一五パーセントにも満たないといわれておるんじゃ。とくに、成人してから聴力を失った人にとって、十分な手話能力を身につけるのは容易なことではないからのう。

そのような人たちにとっては、手話よりも「筆談」の方が、むしろ容易で確実なコミュニケーションの手段といえるかもしれん。このところ、駅や銀行などの窓口には、筆談器（筆談ボード）を備え付けたところが多くなってきておる。

もちろん、そのような専用の道具がなくても、筆談をすることはできる。まずは、手近にある紙と筆記用具で会話を始めてみてはどうじゃろか？

筆談器の案内

## ■補聴器の使い方

晩年、原因不明の難聴に苦しんだベートーベンも、長い漏斗状の補聴器を使用していたことは有名な話です。当時の補聴器は、単に音を集め、耳まで効率よく伝えるだけのものであり、むしろ「収音器」とでも呼ぶべきものでした。しかし、現在では、音を電気的に増幅し、さまざまに加工して耳に伝える補聴器が広く使われています。

収音器型補聴器の例

**静さんの解説**

現在普及している補聴器は、その形体によって大きく三つに分類することができるわ。「耳穴型」、「耳掛け型」、そして「ポケット型」。それぞれに異なる特徴はあるのだけれど、音を増幅して、聞きやすいように音を加工するという本質的な機能に、違いはほとんどないわね。

聴力障害を補うほとんど唯一の機器といえる補聴器ですが、その普及率は聴覚障害者の四人に一人程度とあまり高くありません。耳の聞こえが損なわれると言葉や知能の発達に著しい影響が出かねないので、子供の場合にはかなり早い時期から補聴器の装用が勧められます。しかし、加齢によって聴力の低下した高齢者は、補聴器をなかなか使用したがらない傾向があるようです。老眼鏡は多くの人が使うようになりますが、補聴器があまり使用されないのはなぜでしょうか？

一番大きな理由は、現在の補聴器の性能が、一般的に期待されるほど高くないという点にあります。補聴器を装用しても、本来の音の聞こえを完全に取り戻すことはできません。だからといって、補聴器メーカや聴覚研究者の努力が足らないと簡単にいうことはできません。四四ページで述べたように、聴覚に障害があると、単に小さな音が聞こえないだけでなくさまざまな側面で音の聞こえが変ります。これは、眼でいえばピント調節能力だけでなく、網膜や視神経の機能までが損なわれた状態です。眼鏡に比べると、補聴器ははるかに高度な役割が要求されているのです。

補聴器の装用者がよく訴える現象として、周囲に騒音がある場面で、話し相手の声など目的の音が聞き取りにくいということがあります。単純に音を増幅すると、聞きたい音声であろうと周囲の騒音であろうと関係なしに大きく聞こえてしまいます。元来聴覚には必要な音だけを選択的に聞き取る能力が備わっています。しかし、聴覚に障害があると、音を分解して聞き取るそのような能力も損なわれがちです。最近の補聴器には、騒音との音響的な違いを利用して、目的の音声を聞きわけやすくする機能を備えたものも出てきました。

補聴器装用者は、音の方向が正しくとらえられずに困ることがあります。人間は、左右二つの耳に到来した音の強さや時間の違いを利用して音の方向を知覚しています。この原理は、片眼をつぶると風景が平面的に見えるのにやや似ているでしょうか。したがって、本来、補聴器は両耳に装用するのが望ましいのですが、費用等の理由から実際には片耳だけに装用している人が少なくありません。また、とくにポ

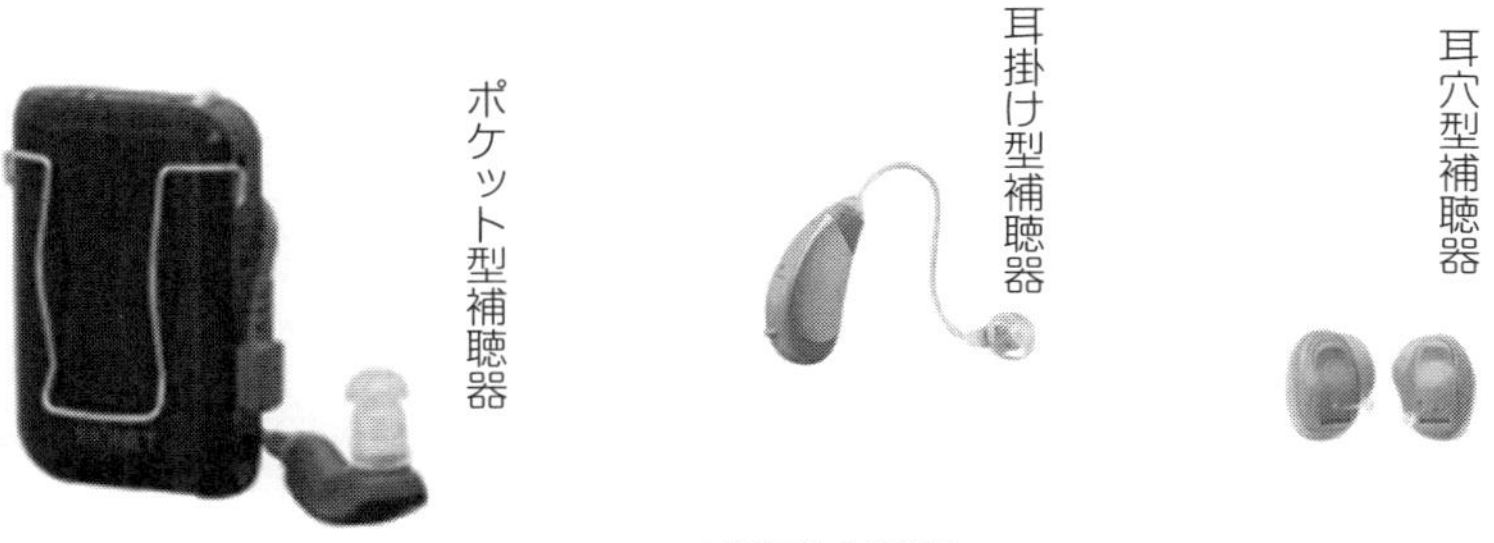


補聴器の種類
写真提供：リオン株式会社

ケット型の補聴器は、自分の耳とは異なる位置に収音のマイクロホンがありますので、正しい方向感を得るのが難しくなりがちです。

先にも述べたように、補聴器は聴覚機能を完全に取り戻す機械ではありません。聞き取りを妨げる余分な音はなるべく排除する、必要な音の方向がわかりやすいように室内の残響を抑えるなど、聴覚障害者にとって望ましい音環境を整えることが重要です。

**Dr.Noiseの解説――人工内耳**

読者の皆さんは「人工内耳」という言葉を聞いたことがあるかのう?

内耳に原因がある難聴では、人工内耳を埋め込むのが有効な場合があるんじゃ。施術が行われ始めたのは一九八〇年代からで、日本でも一九九四年度から保険適用になったことから装用者が増えてきておる。とくに、言葉を獲得していかなければならない小さい子供にとって、人工内耳はたいへんな恩恵となるものじゃ。

じゃが、残念ながら、人工内耳によって内耳の機能

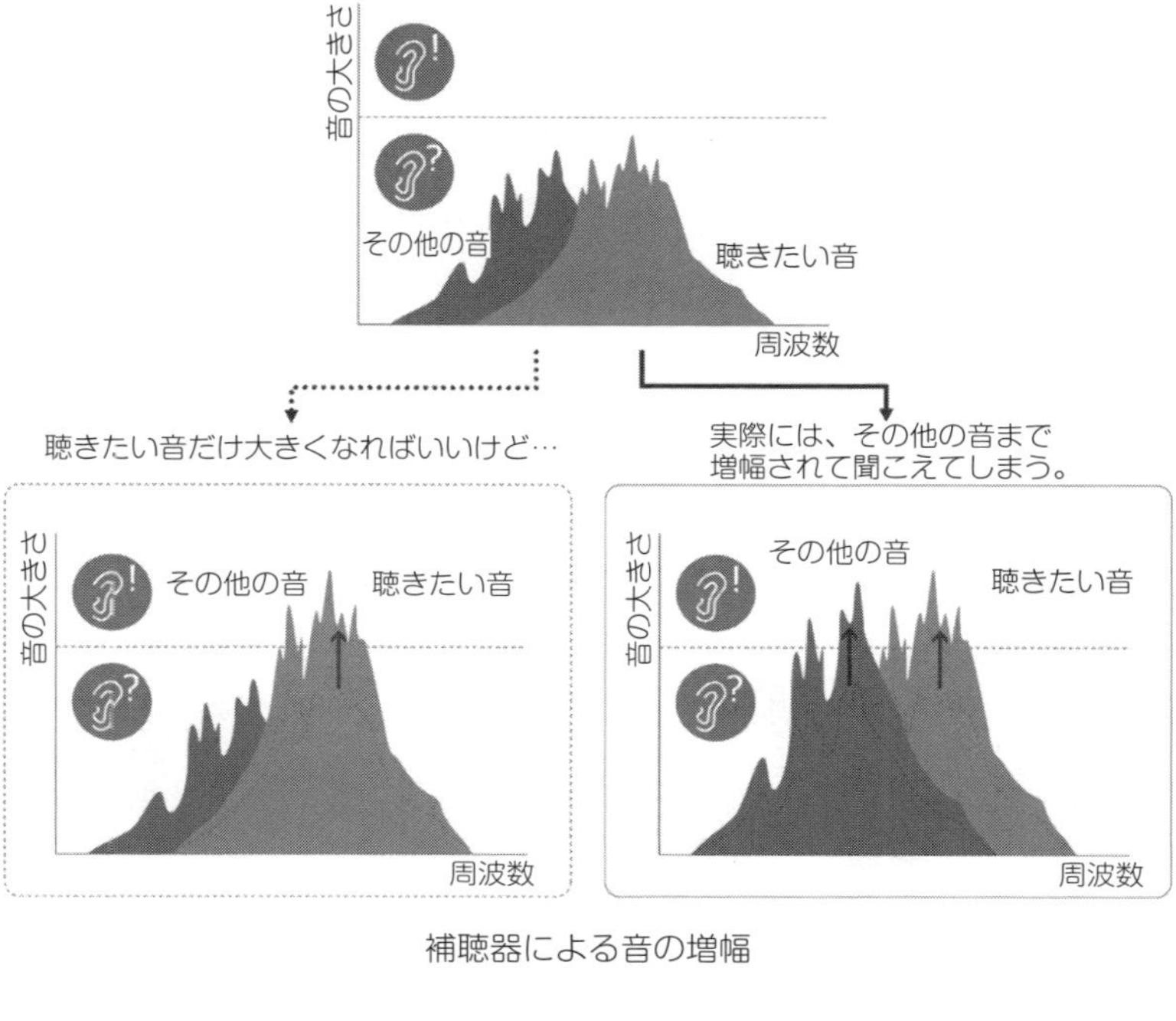


補聴器による音の増幅

が完全に回復されるわけではない。ヒトの内耳は、音に含まれる周波数成分を細かく分解して神経インパルス（電気信号）に変換しておる。しかし、人工内耳では、それに匹敵する細かさで電気信号を与えることが、いまの技術ではまだできないのじゃ。なので、かなり「ぼやけた」音で聞こえていることになるのう。
　補聴器と同じように、人工内耳を使用している人のためには、余分な騒音を減らすといった、音環境の改善そのものがまだまだ大切じゃな。

## ■骨で音を聞く

「人間は骨を通して音を聞くことができる」といったら、いささか驚かれるでしょうか。鼓膜でとらえられた大気の圧力変化が中耳に伝わり、それが音として聞こえる、というのが一般に理解されている音の聞き取りのメカニズムでしょう。しかし、中耳に直接振動が与えられれば、それも同じように音として聞くことができるのです。この経路で聞く音を「骨導音」といいます。

実は、これはけっして珍しい現象ではありません。自分の声を録音して聞くと違った声に聞こえますが、その一番の理由はこの骨導音の影響です。声を発すると、空気中を伝わる音だけでなく、頭蓋骨を通して中耳に直接伝わる音も同時に聞くことになります。したがって、録音した声（すなわち、空気中を伝わってきた声）だけを聞くと、自分の声でないような不自然な感じがするわけです。

耳の入り口から内耳までの音の伝達経路に障害がある人のために（伝音性難聴と

いいます）、骨導によって音を伝える骨導補聴器が開発され、利用されています。頭部の皮膚に振動子を当て、頭蓋骨の振動として内耳に音を伝える仕組みです。

なお、骨導によって音を伝える補聴方法は、伝音系に障害のない人にとっても便利な場合があります。一つの利用例は、周囲の騒音が非常に大きい環境で音を聞くためのものです。騒音は耳栓等で耳をふさいで遮断してしまい、音声等の目的の音は振動子を通して骨導で伝えるわけです。この方式は携帯電話でも製品化されましたから、試してみた方も多いでしょう。

ただし、この効果は、耳をふさがないと実感できませんのでご注意ください。空

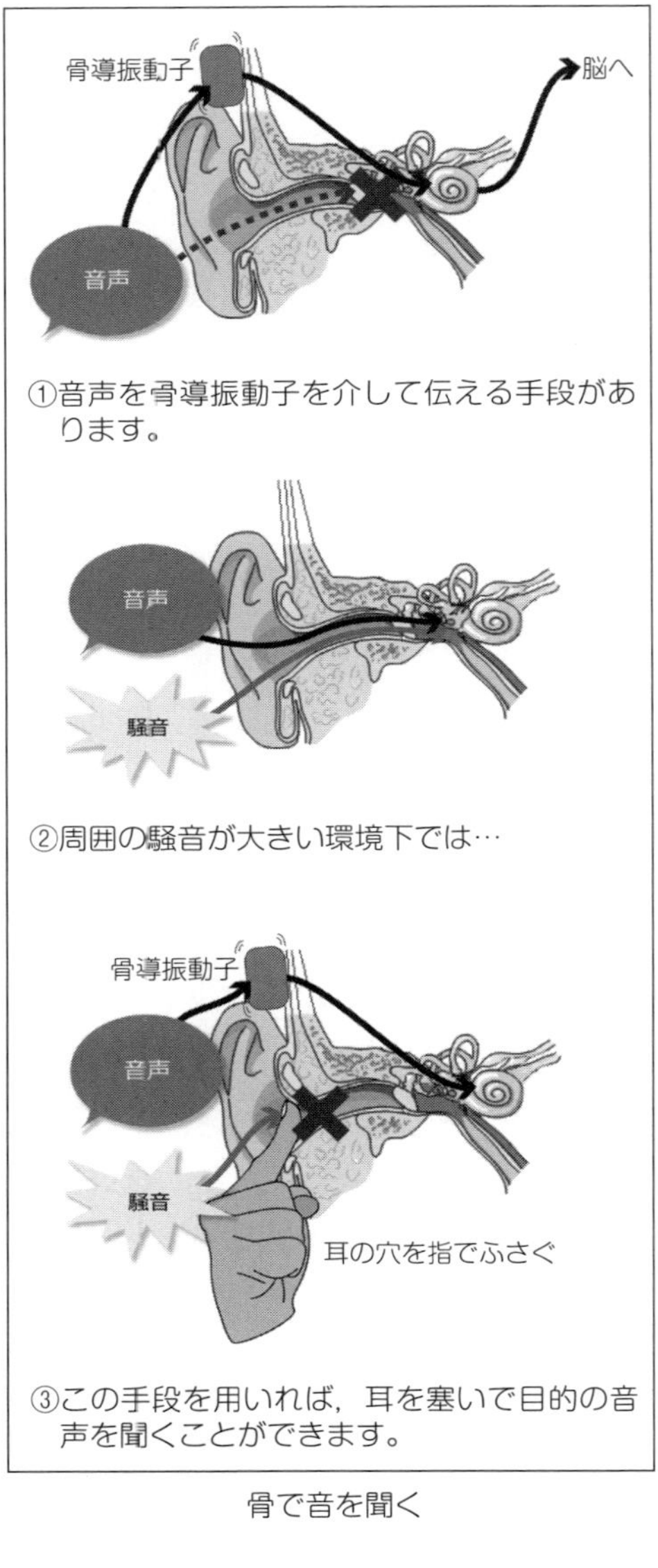
骨導振動子
脳へ
音声
①音声を骨導振動子を介して伝える手段があります。
音声
騒音
②周囲の騒音が大きい環境下では…
骨導振動子
音声
騒音
耳の穴を指でふさぐ
③この手段を用いれば，耳を塞いで目的の音声を聞くことができます。

骨で音を聞く

気中を伝わってくる騒音を骨導で聞くことはできませんので、耳をふさいで騒音を遮断することで、骨導で伝えられた目的の音声が聞き取りやすくなるのです。

さて、従来、骨導方式の補聴器が有効なのは、あくまで内耳とそれ以降の神経経路の機能が保たれている場合に限られると考えられていました。すなわち、音を神経インパルスに変換し、大脳に伝える機能が損なわれている感音性難聴の場合には、音は聞こえないはずです。しかし、最近、超音波を利用して骨導音を与えると、感音性の難聴の有無にかかわらず、音として聞こえることが明らかになりました。超音波そのものは、骨導であろうと気導であろうと聞こえません。しかし、音声を超音波に乗せて伝送し、振動子を通して頭蓋骨に振動を与えると、もとの音声が聞こえるのです。

現在、この原理を利用した超音波骨導補聴器が開発されつつあります。これが実用化されれば、音の世界から遠く隔絶されていた重度の感音性難聴者にとって、たいへんな恩恵となるに違いありません。

## ■聴覚障害者への情報伝達

聴覚には、周囲三六〇度の情報をとらえる、まさにレーダーともいうべき役割があります。これによって、目を向けていない、背後で起こった出来事にも気づくことができます。しかし、聴力が失われると、目で多くの情報を取り入れなくてはなりません。そこで、音を光に変えて知らせてくれる装置があります。玄関のインターホンの音をフラッシュに変えて知らせてくれるので、来客にすぐ気づくことができます。同じように、火災報知器にも、音だけでなくフラッシュで報知するものがあります。

文字による表示も重要です。近年、停車駅案内などを表示するディスプレイを車内に備えた電車が増えてきました。車内は騒音のレベルが高く、アナウンスがそもそも聞き取りにくいものですが、この表示は聴覚障害者にも欠かせないものになっています。

東日本大震災のあと、節電のために電光掲示板の表示が消されてしまったことがありました。音声による案内だけで十分と考えられたのかもしれませんが、文字による情報を常に必要としている人がいることも忘れてはいけません。

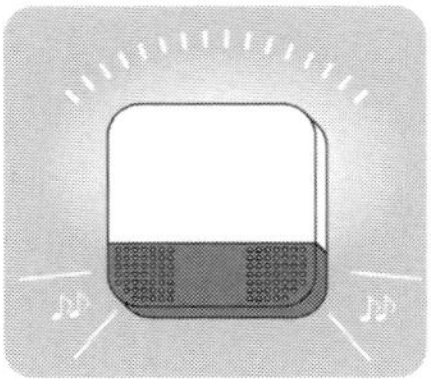

インターホンが鳴ると光って知らせてくれるよ！

**コラム――聴力は回復できる？**

視力を回復させる手術は、最近では数多く行われているようです。では、いったん失われた聴力は、同じように手術などの方法で取り戻すことができるのでしょうか？

まず、鼓膜に亀裂が入ったり小さな穴が空いたりしても、通常は問題ありません。鼓膜は徐々に入れ替っていきますので、自然と元どおりに戻っていきます。

耳小骨が吹き飛ぶような大きな外傷を受けた場合には自然には回復しませんが、

手術によって聴力を取り戻すことはできます。また、人工中耳によって中耳を作り直すこともできます。このように、中耳までの過程に障害のある難聴（伝音性難聴）の場合は、比較的容易に聴力を回復させることができます。

しかし、それよりも先の聴覚器官、すなわち蝸牛や聴覚神経が損なわれた場合（感音性難聴）には、聴力を元どおりに回復させることはほとんど不可能となります。たとえば、非常に大きな音に曝された時に生じる騒音性難聴や加齢による難聴では、蝸牛内の有毛細胞が損なわれます。有毛細胞は音をインパルスに変換して神経に伝える大事な役割を担っています。しかし、現時点では、この有毛細胞を再生する方法はありません。

しかし、最近の研究によりますと、鳥類などの限られた種では、いったん損なわれた有毛細胞を薬物によって再生できることが明らかになってきました。遠い将来のことかもしれませんが、ヒトでもいずれ、薬を飲んで感音性難聴を回復させることが可能になるかもしれません。

現時点では、よい聴力を維持したいのであれば、悪くしないように予防することがやはり一番といえます。また、体の筋肉とは違って、聴力は頑張って鍛えてもよくなるものではありません。大きな音に耐え続けて耳を鍛えようなどと考えるのは、もってのほかです。ご注意を・・・

# Ⅲ節　加齢と音

## ■「耳が遠くなる」とは？

歳をとると「耳が遠くなる」、という言い方をすることがよくあります。この「耳が遠くなる」とは、いったいどのような耳の状態を指すのでしょうか？

まず顕著に表れる症状が、小さな音が聞き取りにくくなる、あるいはまったく聞こえなくなることです。その様子を、下図に示します。年齢が上昇するにしたがって、曲線がしだいに下がっていきます。この曲線が下がった分が、すなわち聴力の低下を表します。

この図をみてまず気がつくことは、曲線の低下の仕方が周波数によって異なっていることです。低い周波数に比べて高い周波数の方が、曲線は大きく低下しています。つまり、高い音が聞き取りにくくなるというのが、歳をとるにしたがって顕著に表れる症状です。聴覚障害ではどの周波数の聴力が低下するかはさまざまですが、加齢による聴力低下の場合は、このように高い周波数から生じるのが一般的です。

さて、図は、聞き取れるもっとも〈小さな〉音を測定したものでした。では、話し声のようにもっとも日常的に聞く〈大きな〉音の聞こえ方は

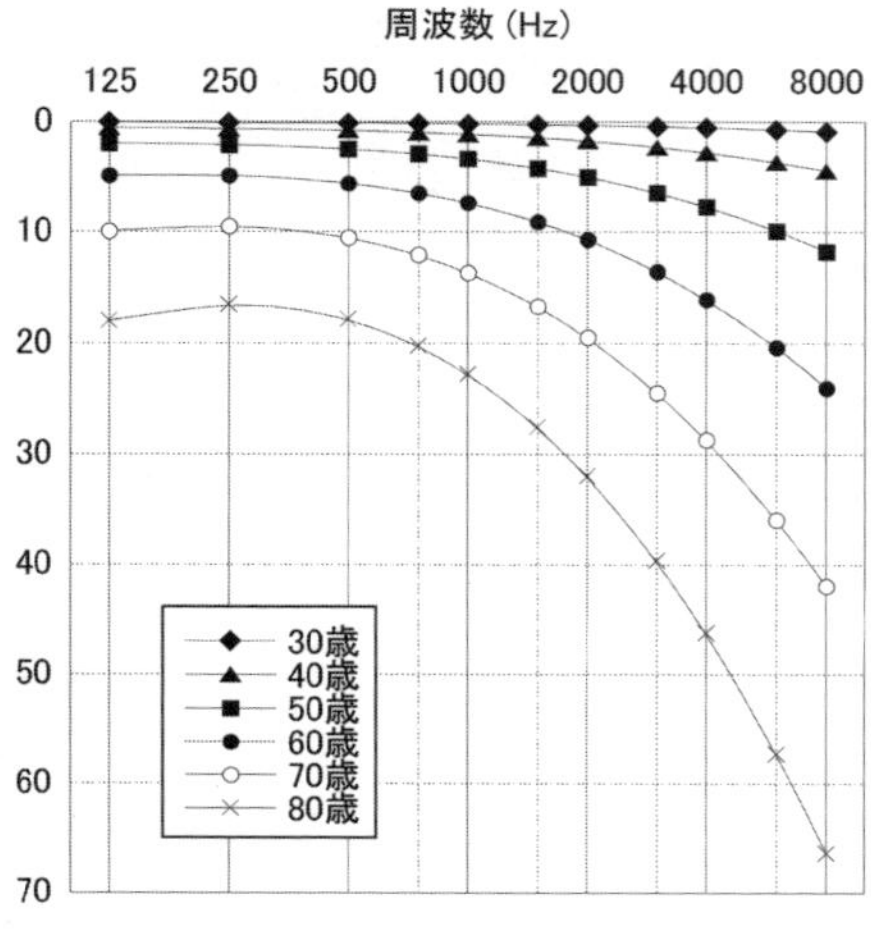

どのように変るのでしょうか?

　まず、図は高い音が聞き取りにくくなることを示していましたが、高い音はどのような場合にもこの図のように聞き取りにくいわけではありません。音が弱い場合は確かに図のように聞こえが悪いのですが、音が強い場合には、高い音も低い音と同程度に聞こえていることが知られています。この現象は、リクルートメント現象(補充現象)と呼ばれます。

## ■気づかれにくい聴力の加齢変化

　一般に四十歳代半ばを過ぎたころから、視力の衰えを意識する人がしだいに多くなっていきます。六五歳以上の高齢者となれば、ほとんどの人が老眼鏡のお世話になっているといっても過言ではないでしょう。しかし、高齢者を対象としたアンケート調査によると、視力や足腰の筋力の低下に比べて、意外にも聴力が低下して不便を感じている高齢者は必ずしも多くありません。年齢とともに聴力が低下していくことは明らかですが(五六ページを参照)、聴力の衰えが意識されにくいのはどうしてでしょうか。

　これには、いくつかの理由が考えられます。まず一つめの理由は、聴力障害が「見えない障害」であるということです。視力が衰えてくれば老眼鏡を掛けますし、足腰が弱ってくれば杖をついて歩くようになります。このような加齢変化は、他者からもわかりやすいものです。しかし、聴力が衰えていることは、一見しただけではなかなかわかりにくいものです。高齢者自身も、自分の聴力が他人と比べてどの程度であるかを比較する手段がなかなかありません。老眼鏡であれば、レンズの度をみれば、自分の視力の程度が簡単にわかるかもしれませんが。

二つめの理由としては、視力に比べて、聴力は定期的に検査する機会が少ないことがあげられます。視力は、簡単な視力表でも検査してみることができますが、聴力検査にはオージオメータ（四三ページ）と呼ばれる特殊な検査機器が必要です。また、測定場所も、防音室など、聴力測定のための基準を満たす静かな場所を選ぶ必要があります。視力と同様、聴力も定期的に検査することが望ましいことは、いうまでもありません。しかし、実際の健康診断等では、ある強さの音が聞こえるかどうかで簡単に判定されていることが多く、聴力の低下を数値で知らされることは少ないでしょう。

三つめに、同じ音を長期にわたって同じ条件で聴き比べる機会が少ないことがあげられます。視力であれば、たとえば以前見えていた新聞の文字が見えにくくなったというように、以前の見え方と比べることで、視力の低下を自覚する機会が多くあるでしょう。しかし、テレビやラジオのボリュームは、知らず知らずのうちに大きくしてしまいがちです。家族に指摘されてはじめて、以前よりはるかに大きな音量で聴いていたことに気づくのではないでしょうか。また、まわりの人が話しかける時も、相手が高齢者であると、無意識的に大きな声で話しがちになります。その高齢者本人は、若いころと同じように聞こえているつもりでいるかもしれません。

最後に、加齢に伴ってすべての音が聞き取りにくくなる訳ではないことも、聴力の低下が意識されにくいことに関係しています。一般に、加齢変化によって聞き取りにくくなるのは、比較的小さな音です。しかし、リクルートメント現象（五七ページを参照）が生じるために、大きな音は若い人とあまり変らずに大きく聞こえている場合があります。つまり、比較的大きな音に関しては、聞こえなくて不便を感じるということが少ないのです。さらに、小さな音でも、比較的条件がよければ、聞き取りに困難を感じることが少なくなります。ここでのよい条件とは、騒音の少ない静かな場所で、なじみのある話し相手一人と話をしているような条件です。しかし、周囲の騒音がうるさかったり、話し手が何人もいたり、なじみのない相手で話し方の癖にとまどったりするような場合には、高齢者は若い人に比べて、より会話に困難を感じることが知られています。聴力の低下を意識するのは、一般にこのような悪い条件の場合に限られるのです。

これらの理由から、音の聞き取りにはとくに不便はないと答える高齢者が多いかもしれません。しかし、実際には、若い人に比べれば明らかに聴力が低下している訳ですので、そのことを理解してバリアフリー化を進めていく必要があります。さらには、他の障害と同様、聴力低下を自覚したくないという心理が、「不便はない」と答える高齢者の心の中で働いていることにも配慮しましょう。

## ■騒音評価と高齢者の聞こえ

音を測定する機器としてまず思い浮べるのが、騒音計でしょう。以前は「ホン」という表示単位が用いられていましたが、現在は「デシベル」を使います。

騒音計で測定すると、〇〇デシベルと騒音レベルが表示されます。この値は、マイクロホンから入力された音の強さを、そのまま表示したものではありません。「*A特性」と呼ばれる周波数重み付けを施した上で、数値を表示しています。

A特性の重み付け曲線を、次ページの図に示します。人間の耳は、低い周波数と非常に高い周波数に対する感度が低く、三〇〇〇ヘルツ付近の感度が一番高くなっています。A特性は、このようなヒトの聴覚特性を模したものです。そのため、A特性を用いて音を測定した方が、音を聞いた時の大きさの印象との対応がよくなります。

ところで、この周波数重み付けは、あくまで二〇歳前後の若い人の聴覚特性に基づいていることに注意しなければなりません。図は、A特性の重み付け曲線に、若年者と高齢者の感度曲線を重ねたものです。当然のことながら、若齢者の感度曲線はA特性の重み付け曲線とよく一致しています。

しかし、加齢に伴って高い周波数の音に対する感度が大きく低下していきます。高齢者では、両曲線は二〇〇〇ヘルツ以上の高い周波数で大きくずれています。そのため、A特性を用いた騒音レベルの測定では、高齢者の感じる音の大きさの印象をうまく推定することができません。たとえば、低い成分が強い五〇デシベルの音の方が、高い成分が強い六〇デシベルの音よりも、高齢者にとっては大きく聞こえ

＊A特性
物理的に同じ大きさの音でも、私たちは高い音と低い音では違う大きさに感じます。この人間の感覚に近くなるように大きさの表記を調整することを「A特性」による周波数重み付けと呼んでいます。
詳しくはDr.Noiseの『読む』音の本「環境騒音のはなし」を読んでください。

る場合もあるのです。

聴覚特性の加齢変化を考慮して音を測定し、高齢者が感じる騒音の大きさを適切に表すことのできる騒音評価方法ができれば、バリアフリーの音環境づくりがさらに効率よく進められるかもしれません。

## ■悪条件（騒音、残響）に弱い高齢者の耳

歳をとると聴力が低下するのは確かですが、普段の生活で高齢者は必ずしも音の聞き取りに苦労しているようには見えないことがあります。さして大きな声でなくても、高齢者どうし、楽しそうに談笑している光景は珍しくありません。高齢者は本当に音の聞き取りに困っているのでしょうか？

すでに述べたとおり、条件がよければ、高齢者も若齢者と同じくらい音がよく聞こえていることがあります。音声もよく聞き取れ、会話にもあまり不便を感じません。この「よい条件」とは、次のような場合です。

- 周囲が静かな場合
- 室内の音の響きが少ない場合
- 相手の音声が明瞭な場合

逆にいえば、これとは異なる状況が、高齢者がもっとも音を聞き取りづらい、会話をしづらいと感じる場面です。この条件がわかれば、高齢者にとって望ましい、バリアフリーの音環境づくりができるようになります。

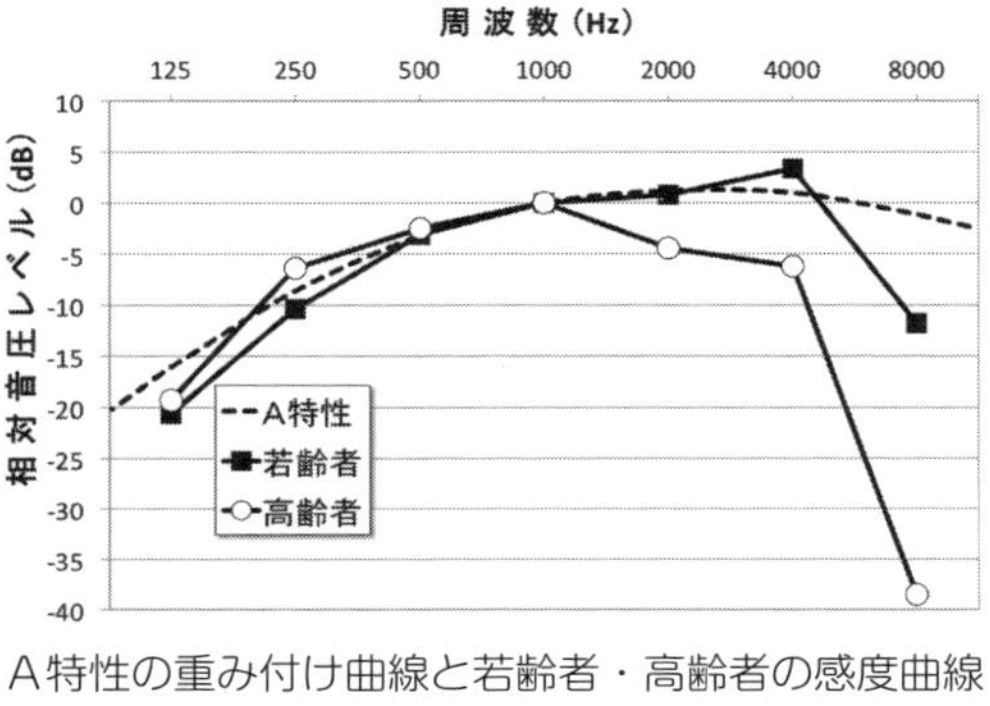

A特性の重み付け曲線と若齢者・高齢者の感度曲線

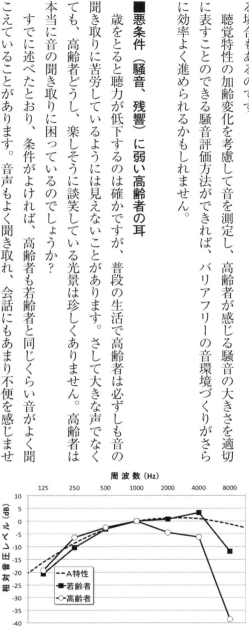

①周囲の騒音を減らす

それでは、その条件を一つずつみていきましょう。

## ①　周囲の騒音を減らす

静かな場所に比べて、周囲に騒音のあるうるさい場所で音が聞き取りにくくなるのは、高齢者に限った話ではないでしょう。しかし、高齢者の場合、騒音がある時とない時の聞こえの差が大きくなります。すなわち、静かな場所では会話に不自由しない人でも、周囲の騒音があると、とたんに聞き取りが困難になります。

また、同じ理由から、宴会場のように複数の人の声が同時に聞こえる場所は、条件としてもっともよくありません。多数の人の声の中から話し相手の声を聞き分けるのは、一層困難なことです。

このように、高齢者が音を聞き取りやすい環境をつくるためには、まず余分な騒音はできるだけ減らすことが必要です。

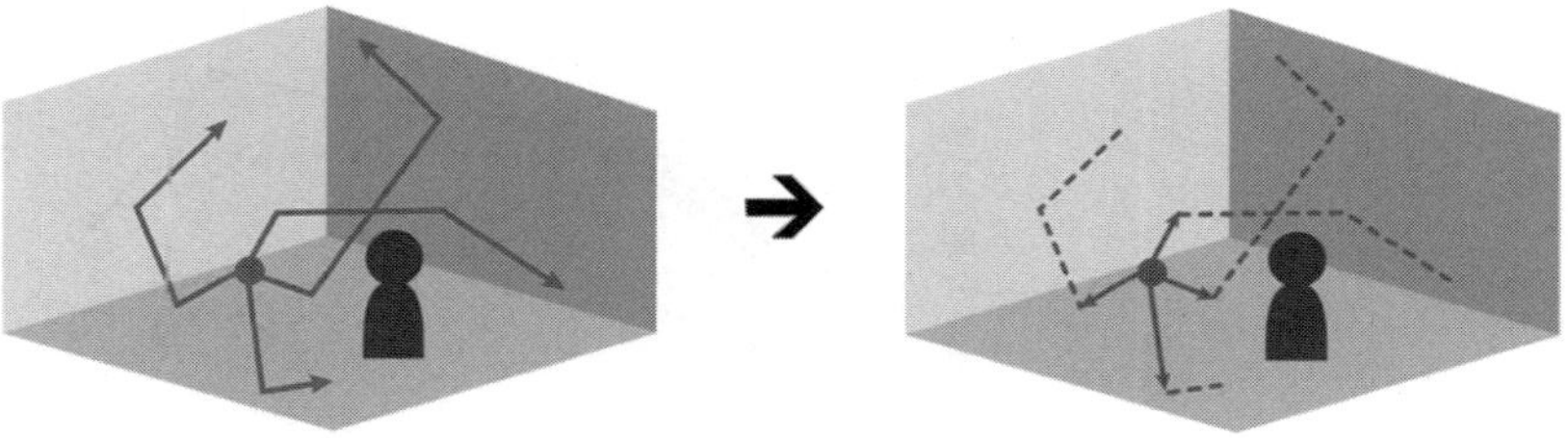

②室内の音の響きを少なくする

## ②　室内の音の響きを少なくする

響きの多い部屋は、高齢者にとって会話のしやすい部屋ではありません。銭湯のような大きな浴室は、音環境としてはもっとも会話をしにくい場所といえます。可能であれば厚手のカーテンや絨毯などを使い、部屋の響きをできるだけ少なくすると、高齢者にとって会話のしやすい空間となります。

## ③　音声を明瞭にする

不明瞭な発音が聞き取りにくいのは若年者でも同じですが、高齢者の方が、その影響をより受けやすい傾向にあります。これには、音の聞き取りだけでなく、音声を理解する脳の機能が大きくかかわってきます。

私たちには、音声に聞き取りにくい部分があっても、言葉に関する知識を補って適切に修復しながら理解する能力があります。その能力も加齢とともに低下していきますので、音声に不明瞭な部分があると、それが修復できないまま聞き続けることになります。その結果、会話が困難になるのです。

## ■大きい声で話し掛ければよいわけではない

聴力が低下した高齢者には、どのような声で話しかけたらよいでしょう？　まず思いつくのは、大きな声で話しかけることでしょう。加齢に伴って小さな音を聞き取る能力が低下していきますので、ある程度、大きな声で話しかけることは必要で

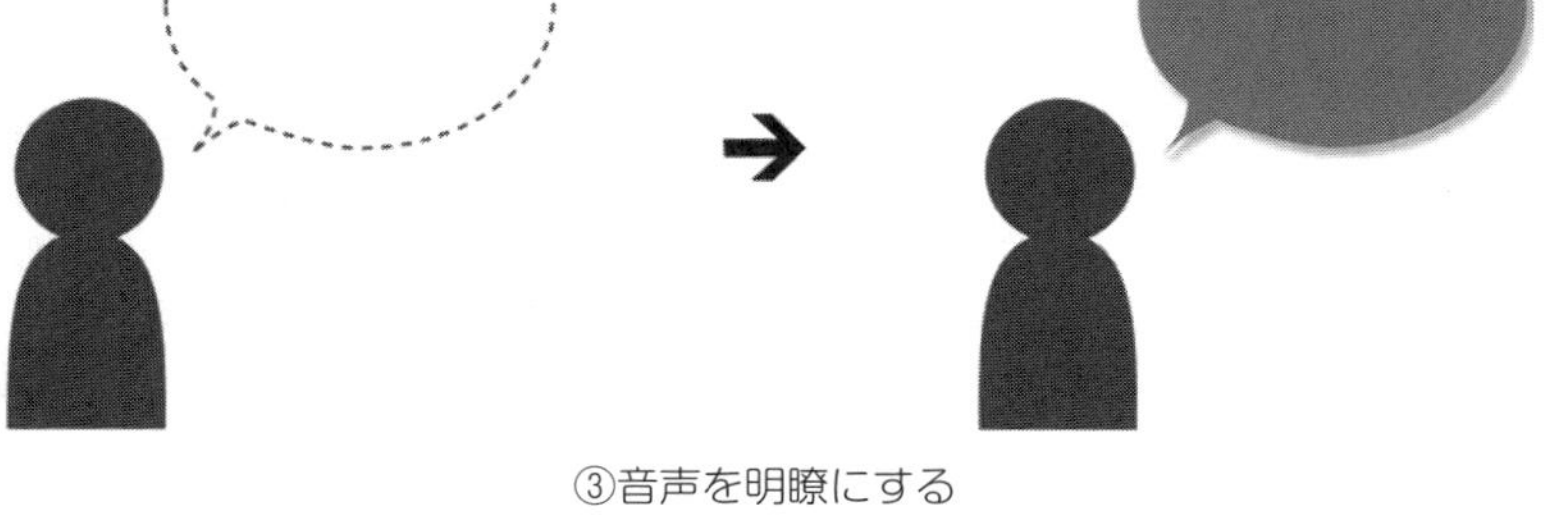

③音声を明瞭にする

す。

しかし、それでも「聞こえない」と相手から返されることがあります。大きな声で話しかけているのに、なぜ「聞こえない」といわれるのでしょう？　その場合、さらに大きな声で話しかければよいでしょうか？

聴力が大きく低下した高齢者と話す場合には、このような事態に直面することがよくあります。実は、声を大きくしても、そのような高齢者には依然として音声が理解しにくいのです。もちろん、大きな声で話しかければ、音としては聞こえるようになります。しかし、必ずしも理解できるようにはなりません。この時、高齢者は感じています――「あなたの声はよく聞こえるのだが、何といっているかがわからない…。」

声を大きくしても聞き取りやすくならないのには、聞き手側である高齢者と話し手側のあなたの両方に原因があります。

聞き手側の高齢者の要因の一つめはリクルートメント現象の存在です（五七ページ）。リクルートメント現象があると、音量の小さな部分はよく聞こえず、音量の大きな部分は十分に大きく聞こえます。話し声の中には、音量の小さな部分と大きな部分があります。リクルートメント現象によって、実際よりも音量が大きく変動して聞こえます。そのため、大きな声はかえって不自然で聞き取りにくい印象を与えてしまいます。

高齢者側の要因としてもう一つあげられるのが、言葉を理解する速度の低下です。

すなわち、相手の話し声が聞き取れても、何といっているか、その意味を理解する脳内の処理が追いつかなくなるのです。

一方、話し手側の問題としては、声量を変えた時の音声の変化があります。声を大きく話しても、テレビのボリュームを変えた時と同じようには大きくはなりません。声量を上げると、母音はそれに応じて大きくなります。しかし、子音はそれほど大きくはなりません。

下図は、「ぱ/pa/」という音を、普通の声量で発音した場合（図の左側）と、大きな声で発音した場合（図の右側）の波形を比較したものです。母音の/a/の部分の振幅（音量）は大きくなっていますが、子音の/p/の振幅はあまり大きくなっていません。

皆さんも、ご自身で音量を変えて発音してみてください。/p/の部分を大きく発音するのは、なかなか難しいことがわかるでしょう。大きな声で話しても、高齢者には「ぱ」なのか「ば」なのか、あるいは「ま」なのか、うまく聞き分けられないのです。これは、ほかの多くの子音（/k/、/t/など）でも同様に生じますので、会話のいたる部分で子音が聞き取りにくいことになります。

このように、高齢者に対しては、適度に大きな声で話すことは重要です。しかし、さらに聞きやすくわかりやすくするためには、話すスピードを落してゆっくりしゃべることが効果的です。（一〇三ページを参照）

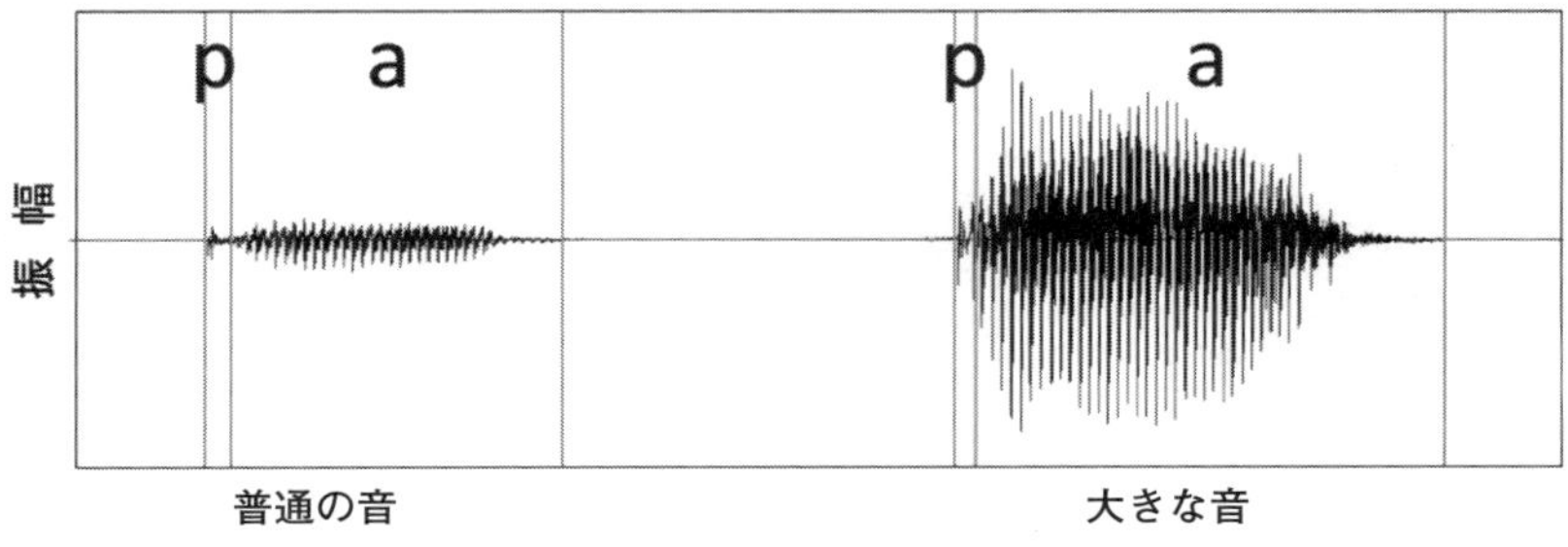


「ぱ／pa／」と発音した場合の音の波形

## コラム――音の悪条件を克服するデザイン事例

耳の不自由な子供たちが通常の小中学校に在籍する場合、彼らにとって、先生が話す声が聞き取りやすくなるように、教室内を静かな環境にすることが望まれています。

難聴生徒が言語・聴能訓練等を行う個別指導室においては、窓を二重にして外部から侵入する音を小さくしたり、吸音性の高い壁や天井にしたり、床にカーペットを敷いたり、室内の反射音を少なくすることによって会話音声が聞き取りやすくなるよう、建築側で配慮を行っています。しかし、健常者と日常の大半を過ごすこととなる通常学級の普通教室では、さまざまな事情で、しっかりとしたしつらえにすることができません。

そのため、教室内での主な騒音源であるスチール製脚部の机やイスを引きずる音等により、騒がしい環境になってしまうこともしばしばあるようです。

そんな状況を改善するための工夫が、日本各地に広まりつつあります。机やイスの脚に、切込みを入れたテニスボールをはめこむのです。比較的安価で、どこでも入手可能なテニスボールは、静かな環境づくりに一役買っています。

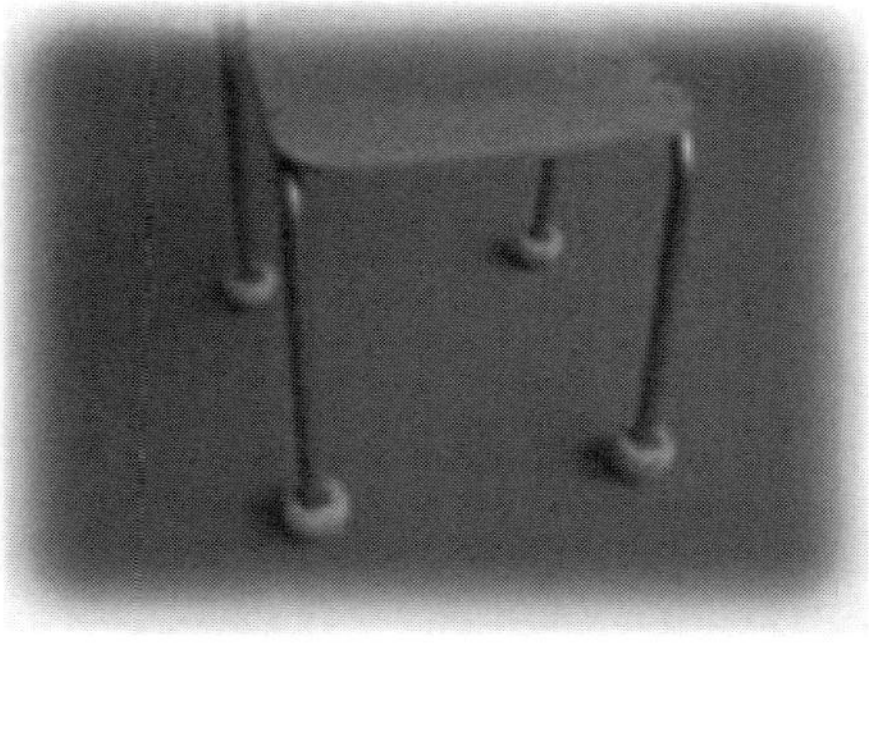

椅子の脚にテニスボールをはかせた例

倉片ほか，日本音響学会誌，65(3)，137-141(2009).

耳の不自由な生徒のためだけでなく、すべての生徒にとって静かな環境はよいもので、この工夫のお陰で生徒たちが皆言動も含め落ち着いてきた、という声も聞かれます。

こういった事例は、まさに、良好なデザインといえるのではないでしょうか。

## Ⅳ節　言葉と音

バリアフリーにおける音の問題を考える時、「言葉」も大きな論点になります。言葉というのは基本的にさまざまな音の組み合せによって、音に意味を含ませて情報量をより多くするものということができます。ただ、この組み合せのきまりがそれぞれの民族や国、地方によって異なるために、どこへ行っても通じるというわけにいかないのです。

たとえばバリアフリー化のために案内放送を行ったとします。でもこの放送に使われている言葉が理解できないとしたら、バリアは取り除かれるどころか、新たなバリアが生れてしまうことにもなるのです。

## ■外国語に対するバリア

海外旅行をすると、空港などで外国語によるアナウンスだけが流されていて、何をいっているのか理解できないという経験は多くの人がもっていると思います。一方、日本人の旅行者が多い場所では、たとえそこが海外であっても日本語によるアナウンスが流されている例もあります。

同じように日本の国内でも、日本語を理解できない人々のために、英語や中国語、韓国語などによるアナウンスも流されている場合があります。

近年、公共施設の案内サインが日本語、英語だけでなく、中国語、韓国語などでも表記されている場所が増えてきています。多くの言語を用いて文字で案内する場合は、サインボードが多少大きくなることはありますが、それほど困ったことにはならないでしょう。しかし、これが言語として音で流される場合には、たいへん困ったことが起こります。

二〇一〇年にオープンした羽田空港国際線ターミナルビルでは、トイレの入口にそのレイアウトなどを示す触地図が設置されるとともに、四ヶ国語による音声ガイドが流されています。日本語→英語→日本語→中国語→日本語→韓国語　といった順番で同じ内容が繰り返されて流れる仕組みです。一つの言語の音声ガイドはおよそ二〇秒間なので、もし韓国語しか理解できない人がこの音声ガイドを利用しようとした場合、運が悪いと二分近く待たないと韓国語による音声ガイドを聞くことができません。とても切羽詰まった状態にあったらと考えるとたいへんです。

案内サインの一例（日英中韓）

言葉で情報を伝える場合、どうしてもある程度の時間がかかってしまいますので、これを解決するのはなかなか難しいことです。羽田空港国際線ターミナルビルでも、この問題点は認識しながらも現時点で最良と思われることをやっているのでしょう。

二〇二〇年には東京でオリンピックとパラリンピックが開催されます。より多くの場面でさまざまな言語による音声案内が必要となるでしょう。今後携帯端末による音声案内などが発展すれば、利用者にとって必要な言語による案内だけが流れる仕組みなどもつくられるかもしれません。

いずれにしても言葉によるバリア解消の対策は、今後より重要になってくるでしょう。

## ■カタカナ言葉と専門用語

私たちは、それまでになかった新しいモノや概念を日本語に取り入れる時、カタカナ言葉で表します。

形のある、そのもの自体が新しく身の回りに入ってきた時に、外来語として生まれたカタカナ言葉の場合「これが〇〇」として簡単に示すことができるため、わかりやすいものとなります。

しかし形のないモノや概念を示す比較的新しいカタカナ言葉の場合説明が難しく、わかりにくいといわれています。中でも、コンピュータやインターネットの世界で使われる言葉は、これらを使わない人々にはどう説明しても理解されないといっても過言ではありません。「コンテンツ」や「ウェブサイト」などは、日本語に言い換えることができたとしても、その日本語自体が理解されないでしょう。

このカタカナ言葉と同様のバリアは専門用語にもあります。最近少なくなりましたが、電車に乗っている時に事故などで電車が止まってしまった時、車内放送で事故原因や現在の状況を説明する際、一般の人にとっては聞きなれない専門用語が頻繁に使われることがありました。

カタカナ言葉や専門用語は、使ってはいけないわけではないのです。それがよりお互いの理解を深め、よりわかりやすく説明するために使われる場合は大いに使うべきなのですが、実際には「自分がわかれば他の人もわかる」といった勘違いから、お互いの理解が阻害されてしまうこともあるということを憶えておかなければいけません。

このカタカナ言葉や専門用語は、文字として書かれている時も読む人によって理解の度合が違ったり、まったくわからなかったりするわけですが、音声として発せられた場合はさらに理解が難しくなります。

言葉は時代とともに変るものですから、新しい言葉も取り入れていくべきですが、バリアフリーの観点からはより慎重に考えていかなければならないということを忘れてはならないと思います。

カタカナ言葉と専門用語

# 2 音のバリアフリーの実際

## Ⅰ節　音環境の考え方

### ■音のもつ情報を引き出す音環境とは

音はさまざまな情報を含んでいます。音声アナウンスやサイン音といった情報伝達のための音はもちろん、うるさい音として嫌われる騒音も実は多くの情報をもっているのです。たとえば機械が動く時に出る音は、機械のことを知らない人にとってはただの騒音ですが、機械を毎日動かしたりメンテナンスを行ったりしている人にとっては、その機械が順調に動いているかどうかを知る大きな手がかりとなっていることもあります。また道路を走る車の音も、視覚障害者にとっては危険を察知したり、方角を知るための情報源となります。

つまり、音がするということは必ず何らかの物理現象が生じているということですので、音を聞くことによってその場所で起こっているさまざまなことがわかるのです。とくに視覚障害者は、さまざまな音を手がかりに状況を判断します。ある音がもつ情報を、より多く引き出そうとしているわけです。

騒音も多くの情報をもっていると書きましたが、場合によって、あるいはその大きさによっては他の音のもつ情報をかき消してしまうこともあります。

人間の耳は非常に高度な分析能力をもっています。必要な音と必要でない音とを分解し、不必要な音には注意を向けず、必要な情報だけを取り出すといったたいへん難しいことをいとも簡単にやってのけます。しかし、こういった能力にも限界があり、不必要な音のレベルが大きかったり、響きすぎる環境であったりすると、優秀な人間の耳でさえ聞き分けられないことになります。

一般的に、音を発生させるものがたくさんあり、さまざまな音が聞こえてしまう音環境や、響きやすく、一つの音が長く持続して聞こえてしまい、元々の音がわかりにくい音環境などは、音のもつ情報をかき消してしまう音環境であるということができます。たとえば都会の大きな駅のコンコースを想像してみましょう。ホームからは電車の走行音や発車サイン音、案内放送が流れてきて、コンコースを歩く人々の足音や話声が聞こえてきます。駅ビルの商業施設から音楽やコマーシャル放送が聞えてくることもあるでしょう。これらは一つひとつは意味のある音ですが、一緒に聞こえてしまうとそれぞれの音のもつ情報を聞き分けにくくなってしまうのです。

一方、存在する音の種類が少なく、それぞれの音が特徴的であり、聞こえてくる場所や方向がわかりやすい音環境は、音のもつ情報を引き出しやすい環境といえます。ローカル線の小さな駅などは、電車が近づく音、改札を通る人の足音、駅員による放送など、それぞれが独立して聞こえてくるので情報を引き出しやすくなるのです。

では、都会の駅のコンコースのような場所を、音のもつ情報を引き出す音環境に変えて行くことはできるのでしょうか？　これはけっして簡単ではありませんが、不可能ではありません。どうしたらこのような音環境をつくり出すことができるのか、考えてみましょう。

## ■音環境をデザインする

音環境をデザインする、という考え方を知っていますか？

音環境という形のないものを、どうデザインするのだろう？　と疑問に思うかもしれませんが、音環境が「環境性」「情報性」「演出性」の三つの要素で構成されていると考えることで、デザインすることが可能になります。

音環境の環境性をデザインするとは、その場所に適した静かな環境をつくり、音の響きが適切なものになるよう建築の仕上げ材を検討するなどして、音環境の基礎を良好な状態にすることです。また情報性のデザインとは、その場所で本当に必要な音は何かを考え整理した上で、その音を必要とする人にきちんと伝わるように音量や音質、音を流す手法を検討しながら流していくことです。そして演出性のデザインとは、音が人間の心理に与えるプラスの効果を引き出すために、あるいはその空間の個性を表現するために、その場所に適した音や音楽を最適な音量、音質、手法で加えていくことです。

このように、一つずつ積み上げてデザインを行えば、音環境は良好なものになります。しかし残念なことに、この三つの要素がバランスよくデザインされていることは稀です。多くの公共空間では、環境性のデザインが行われていないとてもうるさい状況で、重要な情報が音によって流されていることで必要な人に伝わらなかったり、過剰な情報が音によって流されているために、重要な情報が聞き取れない状況が生れていたりするのです。

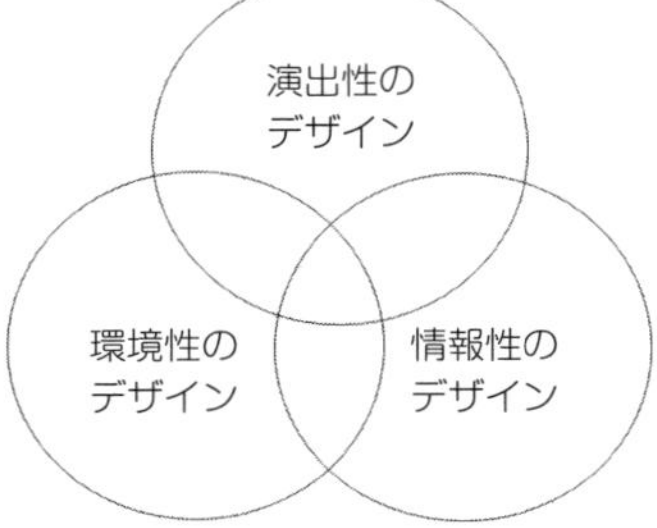

音環境デザインの３要素

## ■音環境のユニバーサルデザイン

あらゆる人にとって使いやすいものや環境をつくること、それがユニバーサルデザインですが、音環境でこれを考える時、どのようにしたらよいのでしょうか？

道路や鉄道といった人を移動させる仕組みについてのユニバーサルデザインを考える時、「ユニバーサルデザインで『標準』を変えることによってスペシャルデザインであるバリアフリーデザインの領域を小さくする」というものがあります（次ページの図参照）。一般的に人間の身体能力は生れてから急速に発達し、二十代でもっとも高い能力をもちます。このもっとも高い能力をもつ世代の主に男性を『標準』と考えて、長い間公共空間は設計されてきました。この場合、バリアフリーを

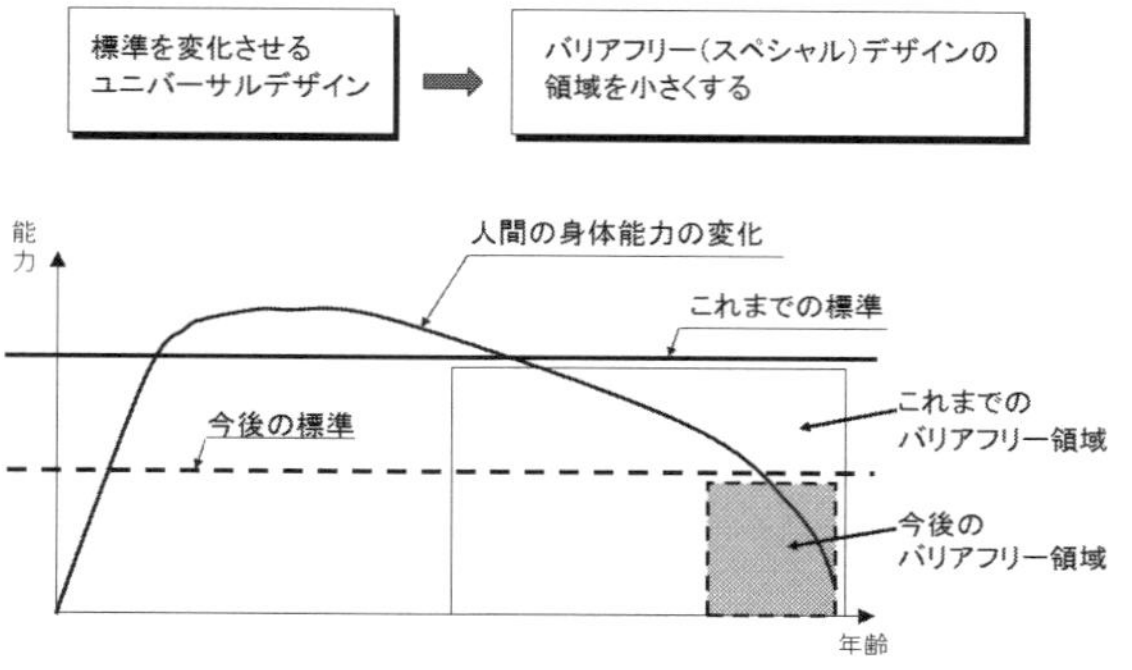

標準を変化させユニバーサルデザインとする概念の例

実現しようとした時、非常に大規模な改良を行う必要が生じます。しかし、そもそも若い男性を『標準』とするのではなく、子どもや高齢者の身体能力を『標準』と考え、それに合せた設計をしておけば、あらためてバリアフリーを実現するにあたって手を加える領域はとても小さなものになります。これが上図に示したユニバーサルデザインの一つの考え方です。

音環境でこれを考える時、情報を伝える音を大きくするのではなく、周辺環境の騒音を下げることによって案内音を聞こえやすくし、それまで埋もれていたさまざまな情報源となる音を浮び上がらせることが、一つの音環境のユニバーサルデザインのあり方だということができるでしょう（下図参照）。つまりこれは、前項で述べた「音のもつ情報を引き出す音環境づくり」と同じことになります。

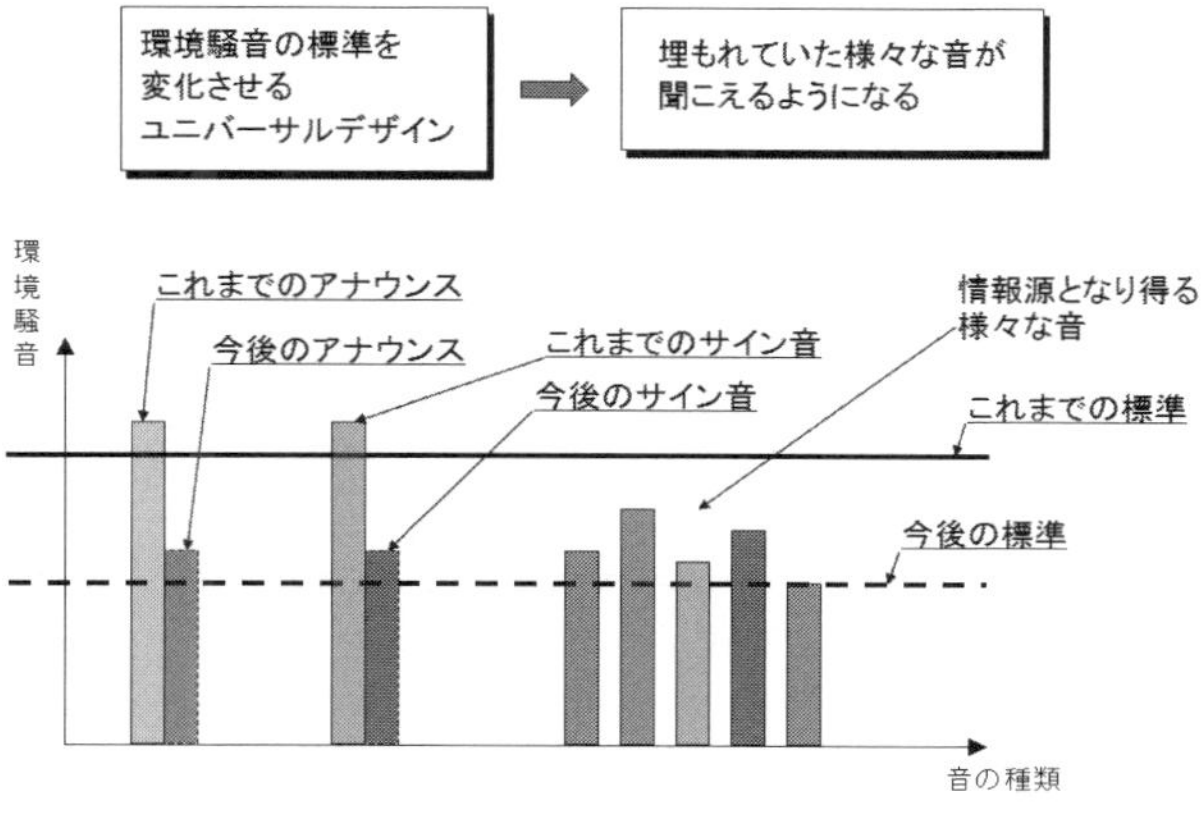

音環境のユニバーサルデザインの概念の例

視覚障害者や聴覚障害者などに対して、そのバリアを取り除くための特別な仕組みを作ることは確かに必要不可欠ですが、当り前のデザインとして、誰に対しても使いやすいある程度静かな音環境がつくられ、誰にとっても聴き取りやすい情報伝達音がデザインされていれば、スペシャルデザインとしての音のバリアフリーデザインは、少しだけやれば十分ということになるでしょう。

視覚障害者のためだけに付けた音ではなく、誰もが使えるものが自分たちにも十分役に立つというのが一番いい、と考える視覚障害者が増えているという調査結果もあります。

全人口に対する高齢者の割合もたいへん高くなっている今日、いろいろなもののデザインの標準を変えて、すべてがみんなのためのデザインになるように、考えていくべきなのではないでしょうか。

## Ⅱ節　公共の空間

### ■音響式信号機の現状

駅前や公共施設の近くの交差点、大きな交差点などで、青になると鳥の声や音楽が流れる歩行者用の信号を見た（聞いた）ことがありませんか？　おそらく多くの人が少なくとも一度は見かけたことがあるでしょうし、それが視覚障害者用の信号であるということもご存知でしょう。これらは「視覚障害者用付加装置」、もしくは一般的に「視覚障害者用信号機」「音響式信号機」などと呼ばれ、視覚障害者等が街中を歩行する際の道路横断のタイミングをはかったり、交差点の位置を把握したりするのに役立っています。

視覚障害者用の信号機は、昭和三十年代に初めて採用され、その後盲学校の通学路や公共施設近辺を中心として普及が進みました。当初は各都道府県警が独自の方式（メロディ、鳥の声、単純音、振動式）を採用したため、混乱を引き起こす可能性が指摘されました。昭和五〇年に学識経験者、視覚障害者団体、警察庁、厚生省等からなる委員会により視覚障害者用の信号機のガイドラインが策定され、音楽や鳥の声を流す音響機能を有した信号が設置されるようになりました。平成十八年三月現在で全国に約一万四二〇〇基が設置されています。

長い間、音響式信号機の音は、主にメロディ式（とおりゃんせ、故郷の空）と擬音式（ピヨピヨ、カッコー）の二つが主に採用されてきました。両方式とも音が二種類ずつあるのは、渡る方向によって音を変えるためです。たとえば、東西方向と南北方向で使い分けたり、主道路（幅の広い道路）横断用と従道路（幅の狭い道路）横断用とで使い分けたりします。音の種類や音の使い分けの方法は、各都道府県警の判断にゆだねられており、都道府県ごとに、もしくは場所によって異なっていました。しかし、全国的に統一がなされていないと混乱する、メロディ式は騒音

音響式信号機

の苦情が多い、擬音式の異種鳴き交わし方式（交差点の両側で違う種類の音「ピヨ・ピヨピヨ」「カッコー・カカッコー」を、時間をずらして鳴らす）は誘導性が高いなどの理由から、全国的に擬音式の異種鳴き交わし方式に変換されてきています（下図参照）。「メロディ式の方が赤に変るまでの時間が予測しやすい」、「慣れ親しんできたメロディがなくなるのは寂しい」といったメロディ式を支持する声もありましたが、いまではメロディ式は残り少なくなり、全国的に消えつつあります。

視覚障害者にとって非常に役に立っている音響式信号機ですが、一方で大きな問題も抱えています。先にも少し触れましたが、それは騒音公害です。住居や職場の近くで信号が変るたびに音楽や鳥の声の擬音が聞こえるのは、確かに心地よいものではありません。音響式信号機の普及に伴い、各地で騒音苦情が相次ぎ、さまざまな対応策がとられてきました。

代表的な例は、夜間や早朝は音を出さないといった方法です。この方法により、音響式信号機の騒音に対する苦情はある程度減りましたが、大きな課題を残すこととなりました。視覚障害者は昼間人通りがあれば付近の人に介助を頼んだり、他の人が渡る足音や車が停車する音を頼りに横断したりすることが可能です。しかし夜間で人通りがない場合、単独で横断機会をはかるのには困難を伴います。とくに、車の通りがまばらになり、かつ車のスピードが出ていると時はなおさらです。一番必要とする時間帯に音響式信号が機

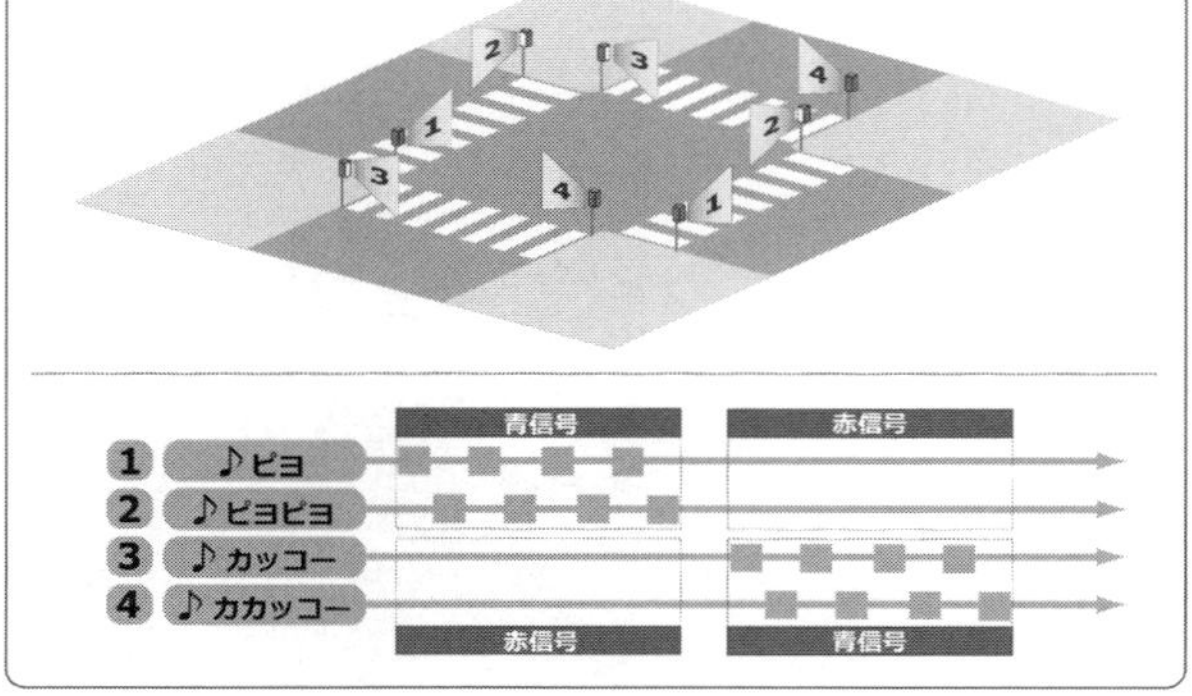


東西／南北方向で異なる音が鳴る「異種鳴き交わし方式」

能しないということになってしまっているわけです。

ほかには「視覚障害者が利用する時のみ鳴っていればよい」という考えから、押ボタンや携帯型発信機を利用したものが考えられました。これらは、視覚障害者だけでなく高齢者などを含む交通弱者にも対応する機能が付加されていることが多いのですが、視覚障害者にとっては押しボタンを探すことが難しい、ボタンの存在自体に気がつかない、携帯型発信機の普及が進まないなどの問題も残されています。

ほかにもここで紹介できないほどさまざまな方法やシステムが考えられてきています。しかし残念ながら、利用者と非利用者との立場の違いからくる利害の不一致に関する問題は根本的な解決には至っていません。

## ■誘導鈴とは?

視覚障害者のための音による案内の一つとして、誘導鈴《ゆうどうれい》というものがあります。あまり馴染みのない名前かもしれませんが、誘導鈴そのものはあちこちで耳にすることができます。電車の駅の改札で「ピーンポーン」と鳴っているチャイムといわれれば、多くの方が容易に思い浮べることができるでしょう。

誘導鈴は、ほかに「盲導鈴」「(視覚障害者)誘導用チャイム」等いろいろな名前で呼ばれています。もともと視覚障害者に建物の入り口など重要な場所の目印として利用してもらうために設けられた音です。とくに駅などの公共施設、役所、盲学校、福祉施設などの入り口や周辺に多く設置されています。これらのチャイムは、視覚障害者のランドマークとして大いに役立ってきました。しかしただ付ければそのまま役に立つというわけではありません。誘導鈴はそれなりの配慮がなされたうえで設置されて、初めて役に立ちます。設置に際しては、基本的には三〇ページの「音と方向」で述べたような点に留意が必要です。またそれ以外にも、誘導鈴の設置には以下のような配慮が求められます。

誘導鈴に関して、まず大切なのは音が鳴る間隔です。音が大きすぎると騒音問題につながってしまうことは先に記しましたが、これと同様、あまりにも頻繁で忙しなく鳴ってしまうと非利用者にとって不快な存在となってしまいます。しかしながら、鳴る頻度を減らしすぎて間隔があきすぎてしまうと、たまたま通りかかった際に鳴っていなくて気づかないまま通り過ぎてしまうということも起こりえます。誘導鈴が聞こえる範囲、歩行者の歩く速度とアプローチ方向なども合せて、どれ位の間隔で鳴っていればよいのかを検討する必要があります。

音を流す方向も配慮すべき内容です。アプローチする方向に一定の指向性をもった音を出す方が効率的です。音が聞こえる範囲を制御することで、周囲への騒音被害も起こしにくくなります。同時に、場合によっては音源の位置の見つけやすさも飛躍的に向上します。

誘導鈴は基本的にはそこに「何か」があることを示すだけで、具体的に何があるかを示してくれるわけではありません。大きな駅などでいろいろなものに誘導鈴をつけあちこちから音が同時に聞こえてしまうことがあります。音が鳴っていてもそれが何を示しているのかわからず、結局どこで音が鳴っているのか、どこに何があるのかわからず混乱してしまうことがあります。誘導鈴の存在の意義が認められ普及が進んでいること自体は喜ばしいことではあります。しかしながら、役に立っていないような誘導鈴や混乱を引き起こすような誘導鈴はむしろないほうが好ましいでしょう。音をあえて設置しなくても、すでに存在している他の音や他の感覚情報が十分な情報となっている可能性もあります。このような場合には、誘導鈴を安易に利用することは避け、重要性の高い場所（たとえば有人改札）で優先的に利用していくべきでしょう。

誘導鈴はいろいろな場面で非常に役立っている反面、先にも少々述べましたが、残念ながら騒音としてとらえられることもあります。とくに非利用者にとってはその音の存在自体に意義が見いだせず、同じ音がずっと聞こえることで不快と感じられるのでしょう。その意味では単に「視覚障害者のための音ですから」という理由で我慢してもらうのではなく、「視覚障害者でなくても役に立つ音」にしていくことも一つの解決方法となるでしょう。また、なるべく不快感を与えないような音質の誘導鈴に関する研究などもなされていますので、これらの研究の成果に期待したいですね。

## ■発車ベルから発車サイン音へ

電車が発車する時に駅のホームで鳴らされる発車ベルは、その昔は「ジリリリリーッ」という本物のベルの音でした。古い日本映画をみていると、駅のシーンで時折この音を聞くことができます。ベルの音は近くで聞くとかなりうるさく感じられますが、電子音が溢れている昨今では珍しくなってしまった音なので、映画をみていてこのベルの音に出会うと何ともなつかしい気分になったりします。その後、発車ベルもスピーカから流されるようになり「プルプルプルーッ」という電子音が主流になりました。

平成のはじめに、JR新宿駅と渋谷駅でメロディーベルと呼ばれる音楽的な発車ベルが採用されると、順次いろいろな発車ベルが考案されるようになり、いまではたいへん多くの種類の発車ベルが流されています。それにつれて音の呼び方も「発車ベル」から「発車サイン音」へと変ってきています。

発車ベルは元々、乗り遅れを防止するために乗車を促す音として使われ始めました。つまり運行本数がそれほど多くない時期に、比較的長い時間流して列車の発車を知らせるためのものでした。しかし運行本数の多い現在では、乗り遅れ防止というよりは発車するからもう乗らないで、という危険防止、駆け込み防止のサインという意味合いが強くなっています。

ただし終電車についてはいまでも乗り遅れ防止のサインとして、ちょっと耳触りになるような電子音を長い時間流している駅もあります。

また、メロディーベルが最初に採用された新宿駅では、多くの路線が乗り入れられており、ホームもたくさんあるために、それぞれのホームの発車サイン音を変えることでどのホームの電車が発車するのかをわかりやすくしようという意図もありました。

発車サイン音は駅の規模にもよりますが、鉄道会社によって駅ごとに異なる場合と路線ごとに異なる場合があります。代表的な例として、JR山手線や京浜東北線では駅ごとに異なるメロディーベルが採用されています。蒲田駅では蒲田行進曲、大井町ではビバルディの四季、高田馬場では鉄腕アトムといった具合です。

一方、路線ごとに統一している例には東京メトロ南北線があり、上下線で異なるサイン音が採用されています。この南北線のサイン音は、路線が延長されるに従い使われる駅も増え、現在では南北線に乗り入れる都営地下鉄や東急線でも使用されています。

このようなサイン音の採用基準の違いには、いろいろな背景があります。JRでは発車ベルを何にするかは各駅長が決めるそうで、そのために各駅で独自のものが採用される傾向にあるようです。一方東京メトロでは、元々路線ごとにサイン表示の色を変えるなど、路線の区別をわかりやすくしようという考え方があるようで、サイン音も路線ごとに統一するほうがわかりやすいと考えているようです。実際、どちらがいいのかは簡単には判断できません。乗り込むまでは路線ごとに異なるほうがわかりやすいのですが、降りることを考えると駅ごとに違うほうが降りる駅を間

駅によっては、近隣の迷惑にならないように発車ベルをあえて鳴らさないこともあるらしいよ．

違える危険性が低くなります。視覚障害者はもちろん、眠っていても発車ベルを聞いていまどの駅かを判断することができるので、毎日使う人には便利という意見もあります。つまりこれは地域性や利用者の目的などによって、それぞれに考えなければいけないことだということができるでしょう。

全国的な傾向として、関東ではメロディーベル、関西ではサイン音が多く採用されています。これについてもどちらがいいとか悪いとか、いろいろな意見がありますが、一概に決め付けることはできません。

ただ、一ついえることは、発車ベルというのはまずは列車の安全運行のためにあるものであり、その機能を十分に果した上で、演出的な要素を加えていくべきなのです。発車時ではなく列車の到着を知らせる時にメロディーベルを採用する例も増えているようです。こういった観点から、発車ベルはまだま

発車ベル・接近サイン音に使われるメロディーの例

| 駅名 | 会社名 | 線名 | 曲名 |
|---|---|---|---|
| 品川 | JR 東日本 | 東海道線 | 鉄道唱歌 |
| 蒲田 | JR 東日本 | 京浜東北線 | 蒲田行進曲 |
| 高田馬場 | JR 東日本 | 山手線 | 鉄腕アトム |
| 恵比寿 | JR 東日本 | 山手線 | 第三の男 |
| 八王子 | JR 東日本 | 中央本線 | 夕焼け小焼け |
| 三鷹 | JR 東日本 | 中央本線 | めだかの学校 |
| 大井町 | JR 東日本 | 京浜東北線 | ヴィヴァルディ作曲『四季』より～春～ |
| 舞浜 | JR 東日本 | 京葉線 | It's a small world |
| 海浜幕張 | JR 東日本 | 京葉線 | We Love Marines（千葉ロッテマリーンズ応援歌） |
| 水道橋 | JR 東日本 | 中央本線 | 闘魂込めて（読売ジャイアンツ応援歌） |
| 関内 | JR 東日本 | 根岸線 | 熱き星たちよ（横浜 DeNA ベイスターズ応援歌） |
| 平塚 | JR 東日本 | 東海道線 | たなばたさま |
| 桐生 | JR 東日本 | 両毛線 | 八木節 |
| 弘前 | JR 東日本 | 奥羽本線 | 津軽じょんがら節 |
| 横手 | JR 東日本 | 奥羽本線 | 青い山脈 |
| 友部 | JR 東日本 | 常磐線 | 明日があるさ　上を向いて歩こう　他 |
| 高知 | JR 四国 | 土讃線 | アンパンマンのマーチ |
| 呉 | JR 西日本 | 呉線 | 宇宙戦艦ヤマト |
| 浅草 | 東京メトロ | 銀座線 | 花 |
| 上野 | 東京メトロ | 銀座線 | さくら |
| 銀座 | 東京メトロ | 銀座線 | 銀座カンカン娘 |
| 西武球場前 | 西武鉄道 | 狭山線 | 吠えろライオンズ |
| 大泉学園 | 西武鉄道 | 池袋線 | 銀河鉄道 999 |
| 高田馬場 | 西武鉄道 | 新宿線 | マルコメ味噌の CM 曲 |
| 海老名 | 小田急電鉄 | 小田原線 | SAKURA（いきものがかり） |
| 聖蹟桜ヶ丘 | 京王電鉄 | 京王線 | カントリー・ロード |
| 青物横丁 | 京浜急行電鉄 | 本線 | 人生いろいろ |
| 堀ノ内 | 京浜急行電鉄 | 本線 | かもめが翔んだ日 |
| 洗馬橋停留場 | 熊本市交通局 | 上熊本線 | あんたがたどこさ |

だ成長過程にあるといえるかもしれません。

発車ベルは、電車の音や人の足音や話し声といった喧燥の中で、きちんと聞き取れるものでなくてはいけないこと、またとても多くの人がいつのまにか耳にする音という意味で、音のバリアフリーを語る上でたいへんわかりやすい大切な音です。今後も身近な音のユニバーサルデザインとして、注目していきましょう。

## ■駅の構内放送をより聞き取りやすくするには

毎日通勤などで利用している駅の場合、構内放送に耳を傾けることはほとんどないかもしれません。ところが初めて利用する駅や、事故などで電車が止まってしまったり遅れていたりすると、私たちは途端に構内放送を注意深く聞くことになります。そしてそんな時に限って、放送がきちんと聞き取れなかったり、聞きたい情報が流されなかったりして、困ったりいらいらした経験は、誰しも一度や二度はあるのではないでしょうか。

視覚障害者にとっては、駅の構内放送はより重要なものです。もし駅のホーム案内や電光掲示板がなかったとしたら、初めての駅でなくても、事故がなくても、私たちは構内放送に無頓着ではいられなくなるに違いありません。つまり、どんな時でも情報がきちんと聞き取れる構内放送でなければ、流される意味が消滅してしまうということを忘れてはなりません。

さて、それではきちんと聞き取ることのできる構内放送にするためには、どのようにしたらよいのでしょうか?

現在流されている構内放送には、あらかじめ録音された音声による自動放送と、駅員さんがホームで状況を見ながらマイクロホンを使って行う放送の大きく二種類があります。自動放送は電車の運行に合せて電光掲示板などと連動して行われる仕組みになっていて、電車接近のサイン音と組み合せて流されるのが一般的です。駅員さんの肉声による放送は朝夕のラッシュ時間帯などに注意喚起として行われたり、突発的な事故や運行状況を知らせたりする時に行われます。

自動放送と肉声放送を比較すると、自動放送のほうが聞き取りやすい場合が多いでしょう。これは、話し方がゆっくりと落ち着いていて、言い回しも安定しているため、聞く側もどのタイミングで意識を集中させればよいかがわかりやすく、得たい情報を逃さずに聞き取ることができるのです。また、多くの場合、電車がホームに入っていない時に流されるため、まわりの騒音が低く、聞き取りやすいということもあるでしょう。

一方駅員さんの肉声による放送は、電車がホームに入っている時に放送する場合が多いため、周囲の騒音レベルが高いことが聞き取りにくい一つの原因です。

また、構内放送で流される情報が多すぎるために、重要な情報も、聞き流してよい情報と勘違いしてしまうということもあるようです。すべてを音声による情報伝達に頼らずに、情報の優先度や内容によって、情報伝達手段を使い分けるよう、吟

超指向性スピーカをうまく使って、きまった場所にだけアナウンスが聞こえるようにするなんていう工夫も広がってくるかもね

味することも重要です。

## ■商業施設と音によるランドマーク

大型商業施設や娯楽のための集客施設では、施設そのものや各テナント店舗・アトラクションごとにスピーカからさまざまな音が流されたり、人や機械の音が聞こえたりします。これらの音の大半は、その場での商業活動に伴うものや宣伝、雰囲気づくりを目的としたものですが、同時に場所を示す目印としても役に立っています。人は周辺の環境を把握する際、視覚情報に大きく依存するといわれますが、視覚情報に依存できない場合には、多くの聴覚情報が利用されます。晴眼者は、慣れた場所では何気なく目に入ってくる風景で自分がどこにいるのかを把握できるため、音を利用して自分の位置を認識するという意識はあまりもたないでしょう。しかし視覚障害者にとっては、いつも同じ場所で鳴っている音はランドマークとしてたいへん重要な情報となります。

視覚障害者が街中を歩行する際、宣伝のために音楽を流す大型の商業施設は、頼りになるランドマークになり得ます。ただしこれらの商業施設の音に依存しすぎると、その商業施設が営業していない場合に迷ってしまったり、正しい経路を歩いているにもかかわらず間違った道をきてしまったのではないかと錯覚したりする危険性もあります。したがって、年中無休の商店は心強い存在となります。

かつては近隣商店街が人々の購買活動の多くを担っていました。近隣商店街では、個人商店からの売り子の掛け声や商品を扱う音などがたくさん聞こえていました。一つ一つの音自体はさほど大きくはありませんが音種はバラエティに富んでいて、貴重なランドマークとなっていました。近隣商店街の衰退に伴い街中からさまざまな音が消えて行ってしまいました。その意味では、街並みを把握するためのランドマークは減少したともいえるかもしれません。そして大型スーパー・量販店・ショッピングセンターがかつての商店街にとって代るようになりました。ここでも音は変らずランドマークとして機能することがあります。

商店街と同様、売り子さんの声が聞こえたり宣伝音楽を流したりするテナント、CD・玩具売り場など、やはり特徴的な音が出ている場所はランドマークになります。しかし、大型商業施設は、テナントの変更や什器・売り場の配置換えが比較的頻繁であるため、音の情報だけで位置の確認を行うことは困難で、混乱がおきることもしばしばあります。ただしたとえば、エスカレータやエレベータなどの設備はよほどのことがない限り移動しませんので、これらの設備からの音は確実な情報となります。

商業施設、集客施設は、一般的にいろいろな音が出ていたり流されていたりすることが多いので、施設周辺を歩行するにしろ施設内部にいて施設を利用するにしろ、ランドマークとなる可能性のある音が比較的多い場所であるといえます。とくに施設内部にあっては、車に接触する危険がほとんどないので、ランドマークとなる音に注意を向けやすい環境ともいえます。しかし、そこに存在する音が必ずしもランドマークとして有効に機能するとは限りません。他の音を聞こえなくしてしまうような大きな音があったり、同じ音があちこちで流されていたり、一箇所であまりにもいろいろな音が聞こえてしまう場合には、音源の場所を把握しづらいばかりか、必要な情報を聞き取ることも難しくなってしまいます。また、屋内空間においては残響も聴覚情報の聴取に影響を及ぼしますので、過多な残響は好ましくありません。

このように商業施設や集客施設では、施設の内容にもよりますが、現存する音をうまく調整することで、ランドマークとなる情報を十分に提供できるのです。単に誘導音などをむやみに付けることが、バリアフリーではありません。宣伝や雰囲気づくりのための音は、もともとランドマークとして設置された音ではないので、ランドマークとしてのあり方はあまり考慮されませんが、これらの音を少し調整することで、十分に役立ちかつさりげない情報提供となるでしょう。これこそが真の音環境デザインではないでしょうか。

## ■直感的に状況を理解させる音

一九八九年に開催された横浜博覧会では、当初閉園時にオリジナルの音楽を流していましたが、ほとんどの来場者が帰ろうとしないため、「蛍の光」を流してみたところ、とてもスムーズに帰途についてくれたという話があります。これは多くの来場者が「蛍の光」＝「閉園」と感じ取ったということを示しているのでしょう。

ほかにも、特定の状況で聞くことの多い音や音楽が、いつのまにか記憶に残り、その音や音楽が聞こえてくると、ある特定の状況をイメージするということがたくさんあります。クシコスポストの軽快なメロディを耳にすると運動会の徒競走が思い出されたり、電子レンジが調理終了の合図に鳴らしていた「チン」という音は、いつのまにか電子レンジそのものを表す音にもなり「チンする」という動詞まで生れました。

これらは一つのすり込み現象といえるかもしれません。この「音のすり込み現象」は、ある音や音楽が特定の意味をもつことになりますので、使い方次第でたいへん便利なものです。前述の「蛍の光」はその好例で、音声アナウンスがなくても来場者が閉園だと理解できるわけですから、実に簡単です。

音や音楽は、憶えようとして憶えるというよりも、いつのまにか記憶に残ることが多いものです。このため、繰り返し聞くことで、その状況と音が結びついて記憶されていくわけです。

しかし、必ずしもいいことばかりではありません。一度概念づけられてしまった音は、なかなか他の意味を表現したり、違う音に変えたりすることができません。公共空間に流される音や音楽の場合、功罪が現れてくることもあるのです。たとえば七九ページで説明した誘導鈴ですが、「ピンポーン」という単調な電子音が最初に用いられたために、これが「入口」を示す音として多くの視覚障害者に認知されるようになったわけですが、この音を一日中聞き続けることによって強い精神的ストレスを感じている駅員さんもいるのです。繰り返して聞いてもあまり嫌にならない音をつくり出すのは簡単なことではありませんが、現在の「ピンポーン」よりは耳になじみやすく、サイン音としても聞こえやすい音色は工夫することができると思います。ところが、すでにこの「ピンポーン」が誘導鈴として多くの人に認知されてしまっていると、これを急に取り替えることは難しいのです。

また、同じ状況で何度も繰り返されることによって意味を記憶している音は、国や文化によってそれぞれに違います。このため、万国共通で使えるものではありません。

一方、音のもつ特徴から状況を類推させることができる音もあります。たとえばテンポが速く繰り返される音は緊急性が高い、という感覚は人間に共通するものだと考えられています。また音の高さで到着するエレベータの行き先を示す音なども、誰にとっても直感的にわかりやすいものでしょう。これは次にくるエレベータが上昇の場合「ソラ」、下降の場合「ラソ」の音程で知らせるといったやり方です。

公共空間において多くの人に音で何かを知らせようとする場合、できるだけ音声などで説明することなく、誰もが直感的に理解できる音や音楽を用いることが理想的でしょう。言葉によるバリアをなくすためにも、このような研究は今後さらに重要になってくるかもしれません。

## ■触知案内板と音声案内

近年では、大きな駅や主要公共施設近辺などで、凹凸で示した地図をみることができます。これは、触知案内板と呼ばれ、視覚障害者が触ってわかるようにした地図です。単に触知案内板だけのものもありますが、案内板と同時に音が出ていたり、行き先を示すボタンを押すことで目的地までの行き方を音声で説明してくれたりするものなどもあります。

触知案内板は、一九九四年制定のハートビル法や二〇〇〇年制定の交通バリアフリー法等の施行の影響もあり、大きな駅や公共建築で普及が進みました。しかしながら、残念ながらこれらの案内板の利用率はそれほど高くありません。その理由は多々あるのですが、その中の一つは案内板があることに気づきにくいということです。晴眼者であれば目でみて案内図があることに気付きますが、視覚障害者の場合そうはいきません。このため、触知案内板にチャイムが取り付けられているケースが増えました。ただ、このチャイムが改札口等で鳴っているチャイムと間違えられるなど、混乱が起きる場合もあります。

前述のボタンを押すと目的地までの行き方を音声で説明してくれるようなものは、駅のように自分の行く目的地がはっきりしており、早く正確な移動が重視される場合には便利です。ただし音声での説明には、視覚障害者がわかりやすい聴覚情報や触覚情報などの目印を盛り込む必要があります。

触知案内板で現在位置と自分の目的地を探し、その二点を結ぶ経路を手で探るというのは、それほどたやすい作業ではありません。このため、音声情報のみでも目的地にたどり着けるよう端的な説明が求められます。また、そこにどのような情報が記されているのか、どのあたりにどのようなものが配置されているのかなどが音声情報で事前に提供されていると、理解度や読取スピードは上がります。触知案内板は通常の地図のように細かな表記ができません。したがってなるべく表記内容を簡略化するために、細かな情報は音声で提供されることが好ましいでしょう。

すでに述べたように触知案内板はそれ単体では、見つけづらくて使えない、限られた情報しか提供できない、案内板・地図そのものが複雑になりすぎて使いづらくなるといったことが起こります。あわせて音の情報を整備していくことで、触覚と聴覚の情報が補完をしあい、より便利なものとなるでしょう。

しかし一方で「まず触知案内板を探し次に目的地への行き方を探るよりも、周囲の人に行き先までの道順を聞く方が早くて確実」という考えもあります。また、屋外に設置された触知案内板を触り続けると、手がかなり汚れます。そもそも、見えていない場合には、案内板がきれいであるか否かもわからず、触ることに躊躇が生じることもあります。このような理由もあるため、触知案内板の利用率はさほど高くありません。

以上のことからすると、触知案内板はあまり役に立たないように思われてしまうかもしれませんが、けっしてそういうわけではありません。遊園地のような広い場所にいろいろな物が点在している所や、特定の街区の中で大体どこに何があるかを知りたい場合などには、たいへん役に立ちます。ほかに、たとえば「待ち合せまでに少し時間ができてしまったけれど、この辺に時間をつぶせる喫茶店のようなものはないかな」というような時には、特定の目的地への移動ではないので、周囲の人に「どこどこへの行き方を教えてください」とはいいづらいものです。このような時に、周囲のお店などが記された触知案内板があるとやはり有効でしょう。ただしやはり読み取りにはそれなりの時間と能力が必要とされるので、早急な移動を目的とする場合にはあまり有効ではありません。

触知案内板に限らず、紙媒体のものも含め触地図（触知図）は歩行する時にのみ利用されるわけではありません。何度か歩いたことのある場所の空間構成が自分のメンタルマップと一致しているかどうかの確認、メンタルマップの修正、新しい経路の探索のための事前情報収集、他の視覚障害者や晴眼者との情報交換のためのコミュニケーションツールとしての利用も期待できます。このような利用のためには、触知案内板のような設置型のものでは利用が制限されてしまいますが、パンフレット状の触地図やそれに付随したCDなどによる音声での説明が役立つこともあります。

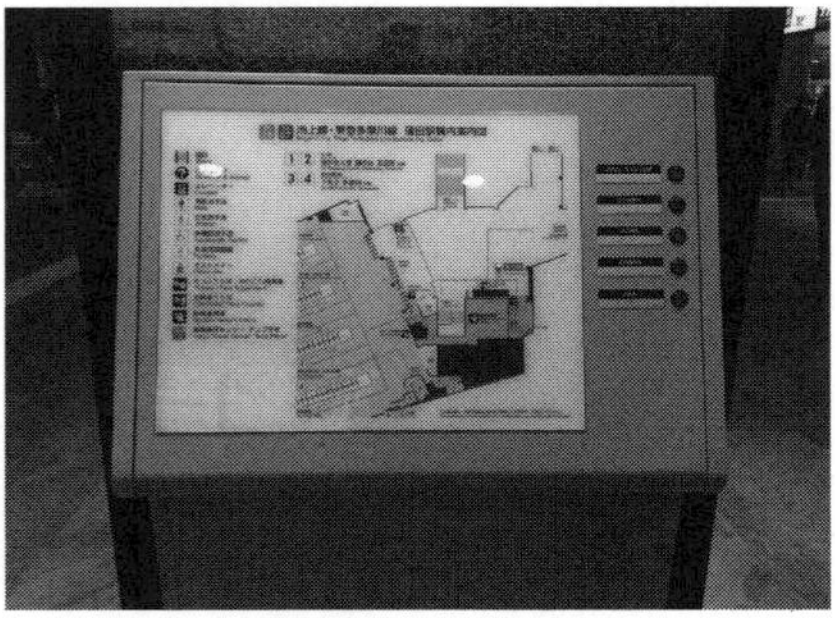

触地（知）図の一例

## ■音による避難誘導

事故や災害など、いざという時に大きな役割を果す音に、避難誘導のための音があります。これはすべての人に対して有効なものでなければなりません。それでは、避難誘導のための音にはどのようなものがあり、どのように決められているのでしょうか？

集客施設やビルなどではその規模や用途に応じて、建築物で火災が発生した場合に作動するサイレンや放送設備の設置が消防法によって義務づけられています。以前は、火災報知器によって非常ベルがけたたましく鳴り響くというやり方でしたが、これだけでは火災が起こったことはわかっても、どこに避難したらいいのかわからないこと、ベルはパニックを引き起こしやすいなどの理由から、現在では「発報放送」と「火災放送」の二段階に分けた自動放送が行われています。

自動火災報知器や手動ボタンによって火災が探知されると「感知器発報放送」と呼ばれる放送が流れます。「パーポーパーポー」というシグナル音に続いて「ただいま○階の火災報知器が作動しました。確認しておりますので、次の放送にご注意ください」という音声放送が流れるわけです。ここで、火災が確認されると「火災放送」が流れます。「パーポーパーポー」というシグナル音に続いて「火事です。火事です。○階で火災が発生しました。落ち着いて避難してください」という音声放送が流れ、さらに低い音から高い音へ変化するスイープ音が流れて火災を知らせるという仕組みです。

スピーカ設置の場所や間隔についても、人がいる場所に確実に、明瞭に放送が届くように、細かく基準が設けられています。また商業施設などで常に音楽などが流れている場合、発報放送が入ると同時に通常の音楽などは自動的に止まるように設計されており、避難誘導の放送が聞こえやすいようになっています。

しかし、実際にはこのような放送だけではすべての人が確実に安全に避難することはできません。出火した階数よりも上の階にいた場合、どの階段を使えば避難できるのか、どちらの方向に逃げればよいのかなど、さらに細かい情報が必要になります。煙が充満して視界が悪い状況で、光の点滅と音の聞こえる方向を移動させることによって避難すべき方向を知らせる方法などが研究されていますが、まだ実用には至っていません。

さらに避難誘導のバリアフリーを考える場合、万全の対策が取られているとはいい難いでしょう。

## ■防災無線による避難誘導

代表的な避難誘導放送には、各自治体等で設置している防災無線放送もあります。屋外の電柱などにスピーカが設置され、防災情報だけでなく自治体からのお知らせや「夕焼けチャイム」と呼ばれる音楽を流しているところが多いようです。

しかし、屋外のスピーカだけでは聞こえにくいため、個別に家の中に放送設備を設置する自治体もあります。とくに一人暮らしの高齢者の家や、集落から離れた家などに設置することが多いようです。

近年、住宅の防音性能が高まっていることから、屋外で放送が行われても内容が聞き取れないという状況が増えています。とくに台風などの災害の際は、風雨の音が大きいため、放送していることにすら気づかない場合があります。災害情報の伝達を防災無線のみに頼ってしまうのには危険があるといえるでしょう。

防災無線は各自治体が独自の基準で設置していて、とくにきまりはないらしいよ

防災無線

東日本大震災では、津波を知らせる防災無線が大きな役割を果しました。防災無線からの放送によっていち早く高台に避難することができた人は大勢いました。一方、耳が聞こえにくい方や高齢者に犠牲となられた方が多かったことも事実であり、防災無線が聞こえなかったことだけが原因とはいえませんが、これだけでは限界があったということもできるでしょう。

また防災無線のスピーカ自体が流されてしまった場所も多く、スピーカの設置場所や放送を行う拠点をどこに設けるかなど、あらためて考え直さなければいけないことはたくさんあります。

高台から遠くまで届く音と巨大な電光掲示板で津波を知らせるための仕組みづくりや、少しでも効率のよい防災無線のあり方の検討など、いまさまざまな研究開発が行われています。

東日本大震災の時、宮城県南三陸町の町職員の女性は、自分が津波に襲われるその時まで「早く逃げて下さい」という放送を続けました。この放送を聞いて逃げたために助かったという町民がたくさんいましたが、本人は流されてしまいました。このニュースは、東日本大震災の惨状を伝えるたくさんのエピソードの中でも、とくに哀しいものでした。

# Ⅲ節　生活空間

## ■家電製品の報知音

近年の家電製品には、「報知音（お知らせ音）」の鳴る製品が多くあります。この報知音は、お知らせする内容によって、

・調理や洗濯の終了を知らせる「終了音」
・誤操作や機器の異常を知らせる「注意音」
・操作パネルのボタンを押した時に鳴らされる「操作確認音」

などに分けられます。

以前は、電子レンジの「チン」という調理終了の音のように、ベルや金属片を叩く音が使われていました。現在では、「ピッ」あるいは「ピーッピーッ」といった電子音がほとんどとなっています。

それでは、このような報知音を組み込んだ製品が多くなってきたのはなぜでしょう？「ピーッ」という単純な音ではなくメロディを鳴らす製品もありますから、製品を使うのを楽しくするため、というのも一つの理由かもしれません。しかしそれ以上に、報知音には、製品を使いやすくするという重要な機能があります。

音を鳴らすことによって、ユーザは視覚だけではなく聴覚も活用して、製品の動作状態を知ることができるようになります。家電製品の操作パネルには、必要な情

報が文字や光で表示されています。しかし、視覚障害者や視力の衰えた高齢者には、そのような視覚表示がほとんど、あるいはまったく役に立ちません。上半身の障害などによっては、製品の方をみてうまく操作することができないこともあるでしょう。

また、浴室では湯煙でパネルが見えにくくなりますし、眼鏡を外している人も多いはずです。視力に自信のある人でも、暗闇では文字がまったく見えなくなります。このように、障害の種類や製品の使用状態によっては、眼でみるのではなく報知音を聞いて製品を操作せざるを得ない、あるいはその方が便利な場合が多々あるのです。

さらに、最近の製品は、動作中の音が非常に静かになっています。そのため、スタートボタンを押しても製品が動作し始めたのかどうかわかりにくかったり、いつ動作が終了したのかがわからなかったりすることがあります。報知音を鳴らして、製品がきちんと動作していること、動作が終了したことをわざわざユーザに知らせる必要も出てきました。

従来の機械式の「カチッ」と音がするスイッチではなく、フェザータッチ・スイッチなどと呼ばれる、押し込みの浅いスイッチを使用した製品もあります。洗濯機や炊飯器が典型的な例でしょう。このスイッチには、色や形を自由にデザインしやすく、防水性・防塵性も高いといった利点があります。逆に、ボタンを押したという感触が得られにくいのが欠点です。そこで、ボタンが押された直後に「ピッ」

という簡単な「操作確認音」を鳴らして、スイッチが確実に押されたことをユーザにフィードバックする必要があります。

「終了音」や「注意音」といった報知音を鳴らして、動作状態を知らせてくれる製品も少なくありません。電子レンジの調理終了の音が、その典型例でしょう。音には、あいだに遮るものがあっても、その陰にまで回り込んで伝わる性質がありま す。聴覚は、三六〇度どちらの方向からきた音でもとらえることができます。そこで、音を用いれば、離れた場所にいるユーザや、他の作業をして製品に目を向けていないユーザに対して、製品の動作状態を知らせることができます。また、一人ではなく複数のユーザに対して同時に知らせるのも容易なことです。家電製品に限らず警報音として古くから音が用いられてきたのは、音と聴覚にこのような特長があるためです。

ただし、報知音は、あまり多く鳴らされると煩わしく感じたり、まわりの人に迷惑を掛けることになったりしがちです。そのため、報知音を鳴らさないように設定できる製品もあります。

報知音は、その利点と欠点を理解し、製品をバリアフリー化する手段の一つとして上手に活用したいものです。

## ■聞こえない「ピーッ」という報知音

報知音はうまく活用することによって、製品の使いやすさを格段に向上させるこ

操作音　注意音　終了音

とができます。しかし、一九九〇年代の半ばころ、高齢のユーザには、この報知音が聞こえにくいことが問題になったことがあります。なぜ、高齢者に限って、このような問題を訴えることになったのでしょうか？

下図をみると、その答えがよくわかります。

この図は、当時市販されていた家電製品の報知音の周波数と音圧レベル（音の強さ）の分布を示しています。各印が一つ一つの報知音を表しており、どのような高さの音がどのような強さで鳴らされているかをみて取ることができます。また、図中の実線・破線・点線は年齢群毎の聴覚閾値（聞き取ることのできるもっとも小さな音のレベル）を示しています。つまり、聴覚閾値を表す線よりも下側の領域の音は、その年齢群の人には聞こえないことを表します。年齢が上がるにつれて、それらの領域が広がる、すなわち聞こえない音の領域が大きくなっていくことがわかります。

図によると、四〇〇〇ヘルツ付近の報知音の多くが、六十五歳以上の閾値曲線の下に位置していることがわかります。すなわち、聴力の低下した高齢ユーザには、それらの音は小さすぎて聞こえないのです。

この問題を解決するには、二つの方法があります。一つめは、報知音の音量を上げることです。高齢ユーザの閾値を上回るように報知音の音

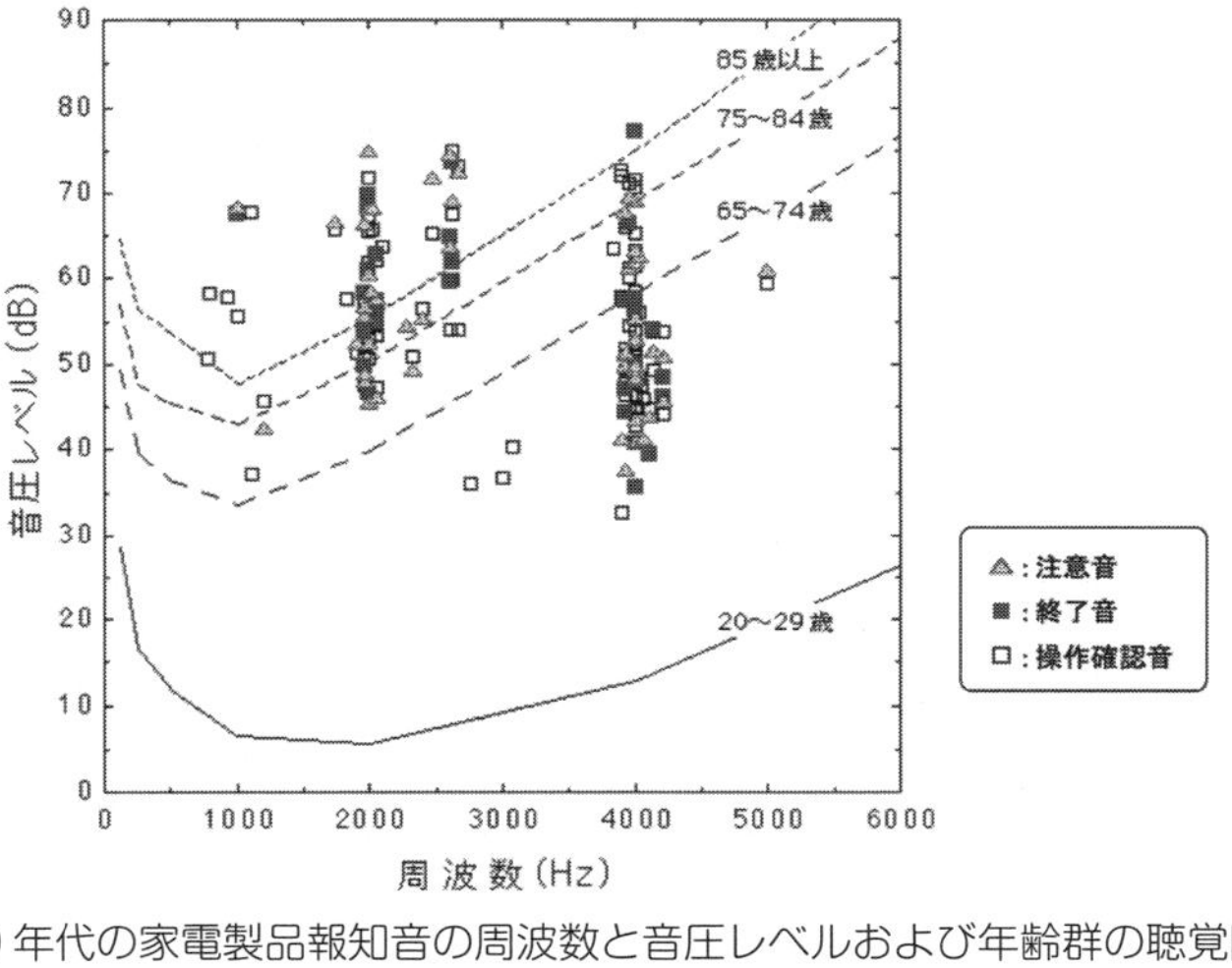


1990年代の家電製品報知音の周波数と音圧レベルおよび年齢群の聴覚閾値

量を設定するか、音量を調節可能とすればよいのです。

しかし、高齢ユーザ向けに報知音の音量を設定すると、若いユーザには「うるさい」音となりかねません。そこで、二つめの方法として、若齢者との聞こえの差が小さい音を選択することが考えられます。図をみると、二〇〇〇ヘルツ付近では、加齢による閾値の上昇が比較的小さいことがわかります。その周波数の報知音であれば、音量を上げなくても高齢ユーザは聞き取ることができます。実際、その周波数の報知音の多くは、高齢ユーザの閾値を上回っています。

このような測定データに基づく検討の結果、報知音の仕様に関する日本工業規格では、「報知音の周波数は二五〇〇ヘルツをこえないことが望ましい」と規定されました。現在では、多くの製品で二〇〇〇ヘルツ付近の低い報知音が使われるようになり、従来の高い周波数の報知音は非常に少なくなりました。

ところで、図の報知音はすべて、二十歳代の閾値曲線を十分に上回っています。製品の設計者（おそらく、ほとんどが若い人でしょう）にとって、自分にはよく聞こえる報知音が、高齢のユーザにはこれほどまで聞こえないとは予想できなかったに違いありません。

若い人たちにとって、高齢者とってどのような音がどの程度聞き取りにくいのかを理解することは、必ずしも容易ではありません。バリアフリー化を実現するためには、経験や直感に頼りすぎず、このような音や聴覚の測定データの活用も大事であることを、この事例は示しています。

## ■話速変換とは？

ネイティブの英語を聴いている時に、「もっとゆっくり話してくれればわかるのに…」と感じたことはないでしょうか？（もちろん、あなたが典型的な日本人であると仮定した場合のお話ですが。）この時、英語の音声は、「音」としてはきちんと聞こえていることでしょう。しかし、その音声の「意味」が理解できないのです。

この例からもわかるとおり、音声を理解する過程は、大きく二段階に分けて考えることができます。一つめは、音声を「音として聞く」過程です。これは、音声以外の身の回りのさまざまな音を聞く過程と共通です。二つめは、その「意味を理解する」過程です。そこでは、日本語の音韻や単語、文法に関する知識に照らし合せて、聞き取った音の意味が日本語として解釈されます。

歳をとるにしたがって、これら二つの過程の能力がともに低下します。五六ページで説明したように、加齢に伴って、しだいに小さな音が聞き取りにくくなります。これは、前者の過程の能力低下によるものです。しかしこの低下は、補聴器で音を増幅することにより、ある程度補うことができます。

一方、後者の機能が低下すると、意味を解釈するのに時間がかかることになります。音としてはきちんと聞こえても、その意味を理解するのが追いつかなくなるのです。冒頭の例は英語の音声の場合でしたが、歳をとるにしたがって、日本語を聞く時にも同じような状況が生じることになります。

それでは、速すぎてついて行けない音声を理解しやすくするには、どのような方法があるでしょうか？　聞こえた音を理解し終える前に次々と音が耳に入ってきてしまう訳ですから、音声の速度（「話速」と呼びます）を遅くすればよいのです。ただし、昔のカセットテープのように、単純にテープを遅回ししたのではうまくいきません。声の*ピッチまで変ってしまい、女性の声が男性の声のように聞こえてしまいます。しかし現在では、音声のピッチを変えることなく話速だけを変える「話速変換」の技術が確立しています。

　基本的な原理は次のとおりです。音声の「あ」「い」「う」「え」「お」の母音は、下図のように、同じ波形の繰り返しでできています。この中から一回分の繰り返しを切り出し、元の母音に何個か続けて加えれば、その分だけ長さが長くなります。

　子音（たとえば、「さ /sa/」の /s/ の音）は下図のような周期的な波形ではありませんが、それでも同じように一部を切り出して付け加えれば、子音全体の長さを長くすることができます。

　そのように加工した音声が次ページの図です。これを聞くと、元の音声よりもゆっくりと話されているように聞こえます。実際に、多くの高齢者にとっては、このように話速変換された音声の方が理解しやすいことが、実験的にも明らかにされています。

　現在では、テレビやラジオ、携帯電話などで、この話速変換の技術が利用されて

*ピッチとは音の高さのことをいいます。

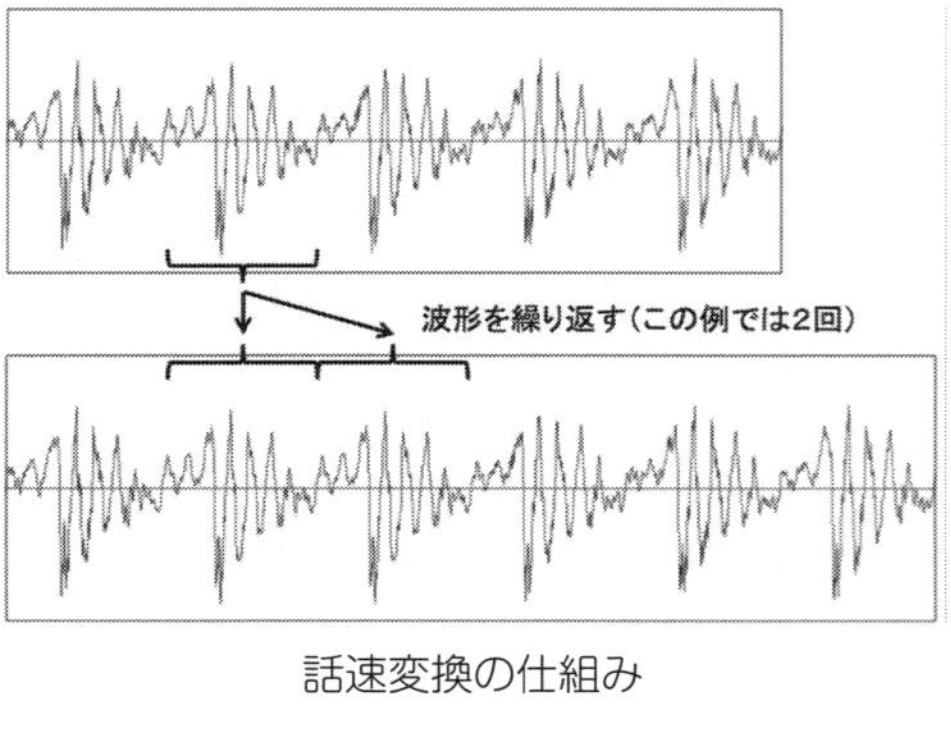

話速変換の仕組み

います。最近では、家電製品の音声ガイドでも、話速変換によって操作方法をゆっくりと説明してくれるものが登場してきています。

今後もさまざまな製品や音声案内で、この話速変換の技術が活用されていくことでしょう。

## ■字幕放送と手話放送

現在、日本の多くのテレビで、放送信号に番組内の音声情報等の文字コードを乗せて放送する字幕放送を実施しています。字幕放送は、元来、耳が不自由な方のテレビ視聴を支援する目的で行われているもので、二〇〇六年にスタートしたワンセグ放送においても多くの番組で実施されています。多くの携帯電話でワンセグ放送が受信できる現在では、聴覚に異常がない人においても、電車等の公共空間内でイヤホンを使わずに番組内容を知ることができる手段として、字幕放送のメリットが享受されています。また、テレビ番組本編と並行して、国政選挙開票速報や、地震・台風等の自然災害に関連するニュースを文字情報として、放送画面をL字型に区切って常時放送する手法も使われています。

耳が不自由な方のテレビ視聴を支援する目的でいえば、手話放送もその一つといえます。一部の放送局におけるニュース番組で、ニュースリーダーが内容を読み上げながら、手話を行うものが放映されています。ただ、手話が苦手な方もいるため、振り仮名つきの字幕スーパーも併せて放映されることが多く、字幕放送を行う

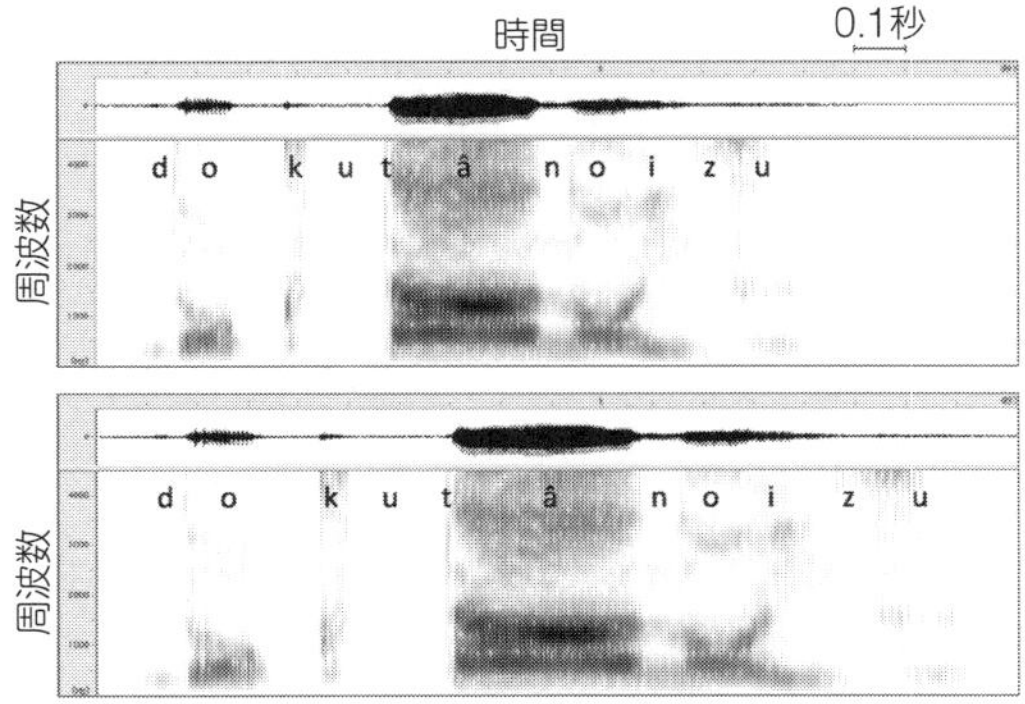


上：加工前、下：加工後

話速変換前後の音圧波形とスペクトログラム

番組数に比べると、圧倒的にその数は少ないといえます。

## ■聴覚障害者とのコミュニケーション

聴覚障害者とのコミュニケーション手段として、まず手話を思いつく人が多いかもしれません。しかし、四七ページでDr.Ｎｏｉｓｅが解説しているように、手話を日常的に使用し理解できる人の割合、いわば手話の「識字率」は聴覚障害者の一五パーセントに満たないといわれています。とくに、成人してから聴力を失った人にとって、十分な手話能力を身につけるのは必ずしも容易なことではありません。

パソコンやインターネット、電子メールや携帯メールなど、文字を媒介とすることで、近年聴覚障害者とのコミュニケーションはかなり便利になったとされています。これは「筆談」が発展したものと考えることができるかもしれません。

またテレビの字幕も最近では当り前になってきました。いわゆる字幕放送でなくても、一般のニュースやバラエティ番組などでも言葉のほとんどが文字によって提示される機会が増えています。これは必ずしも聴覚障害者に利用してもらうためではなく、健聴者にとっても字幕が出ることは便利であると認識されるようになったからであると思われます。

ホールで講演を聞いたり、お芝居を見たりする時に聴覚障害者をサポートしているものに、補聴援助システムがあります。マイクロホンで拾った音声を、直接補聴器や人工内耳に信号として届けるシステムで、周囲の騒音等の影響を受けずに音声だけを伝えるため、非常に有効なシステムです。補聴援助システムにはいくつかの種類があります。

磁気誘導ループは、ループアンプから床面などに配線したループアンテナにマイクからの音声信号を流すと、ループアンテナに電磁波が発生し、これが補聴器に送られる方法（下図参照）です。補聴器によってはこのループ機能を有しているタイプもあり、スイッチを「T」に切り替えると使用することができます。赤外線補聴援助システムは、マイクからの音声を赤外線送信機によって赤外線として飛ばし、これが届く範囲にいる人はヘッドホンなどの受信機で聞くことができます。博物館や美術館の案内システムとしても使われています。FM補聴システムは、FMラジオ放送と同じ仕組みで、マイクからの音声をFM波で送り、FM受信機を内蔵した補聴器などで聞くシステムです。

聴覚障害者との音によるコミュニケーションは、聴覚障害者自身が補聴器などを工夫して行うことが多かったのが実情ですが、今後はさまざまな技術を駆使して、社会全体として聴覚バリアをなくす取り組みを拡げていくべき時期にきていると思われます。

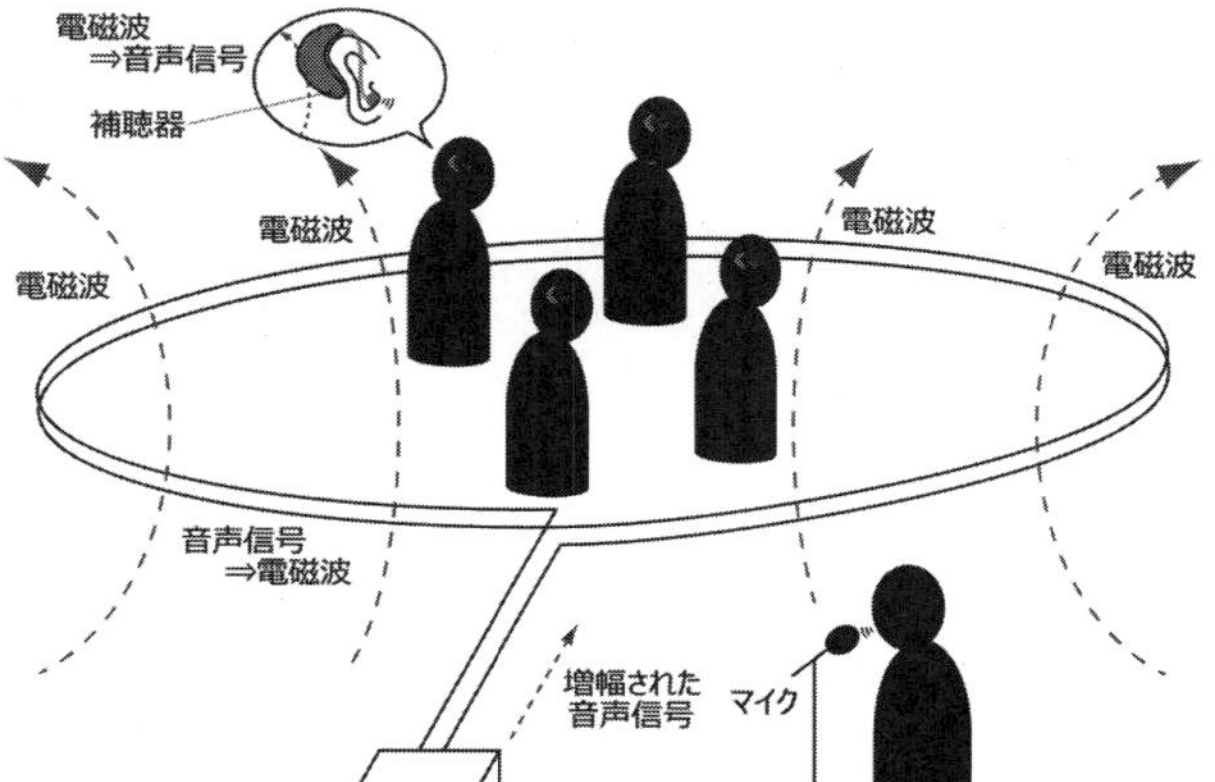

磁気誘導ループの仕組み

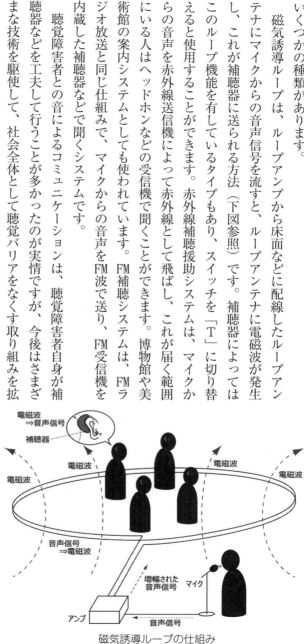

# おわりに

二〇二〇年に東京でオリンピックとパラリンピックが開催されることになりました。世界中の人々が日本を訪れる機会がどんどん増えていきます。これをきっかけに、誰もがストレスなく過ごすことのできる環境づくりが進められていくはずです。

東日本大震災の際、高齢者や何らかの障害を抱えている方に情報が届かなかったり、そのために避難が遅れてしまったりしたことは、とても残念なことでした。この教訓をもとに、国や地方公共団体ではさまざまな対策を検討し、実現に向けて取り組んでいます。しかし考えてみれば、ごく普通の日常生活の中にバリアを感じている人は、震災などの緊急事態にもっと大きなバリアに囲まれてしまうことは容易に想像できます。一方、緊急時にバリアを取り除くことができるのならば、日常でもバリアはなくせるはずです。

大きな組織でないと取り組むことのできないバリアフリーもありますが、私たち自身が少し行動を起こすことで、身の回りの小さなバリアを取り除いていくこともできるはずです。

バリアフリーは特別なことではなく、当り前のことです。お互いを理解し合い思いやりをもって行動することで、社会は少しずつバリアフリーになっていくと思います。

この本を読んだ皆さんが、身近な音のバリアフリーから行動を始めてくれることを祈っています。

Dr.Noise の『読む』音の本
バリアフリーと音

定価はカバーに表示してあります.

2015 年 1 月 30 日　1 版 1 刷　発行

ISBN978-4-7655-3464-2 C1036

編　者　公益社団法人日本騒音制御工学会
著　者　船　場　ひ　さ　お
　　　　太　田　篤　史
　　　　倉　片　憲　治
　　　　武　田　真　樹
発行者　長　　滋　彦
発行所　技報堂出版株式会社
〒101-0051 東京都千代田区神田神保町 1-2-5
電　話　営業　(03) (5217) 0885
　　　　編集　(03) (5217) 0881
　　　　FAX　(03) (5217) 0886
振替口座　00140-4-10
http://gihodobooks.jp/

日本書籍出版協会会員
自然科学書協会会員
土木・建築書協会会員
Printed in Japan



キャラクターデザイン　武田 真樹
装幀　冨澤崇／印刷・製本　三美印刷